サラリーマンは50歳からが中古マンション投資の始めどき

サラリーマンの利点が活用でき、
定年後の不安も解消。
理想のセカンドライフを手に入れる！

木下尚久　著

アーク出版

サラリーマンは50歳からが中古マンション投資の始めどき

――サラリーマンの利点が活用でき、定年後の不安も解消。理想のセカンドライフを手に入れる！

はじめに

この本を手に取っていただきありがとうございます。題名が気になってこの本を手に取ったあなたは、働き盛りのサラリーマンでしょうか。40代後半から50歳を過ぎる頃になると、そろそろ定年という言葉が気になってくるのではないでしょうか。

うすうす気になってはいるけれど、まだ切羽詰まった状態ではないし、それほど危機感を覚えていないのかもしれません。

私がまだ50代の頃に、定年退職の挨拶に来た先輩がいました。

「これからどうするんですか？」

と聞くと、

「まだ決めてないんだよ」

と答えたので驚いたことを覚えています。

明日からリタイア生活が始まるのに、何も決めていないとは……。

「とりあえず退職金も入るから、ゆっくり考えて……」

先輩はあせる様子もなく語っていました。

ですが、退職金と年金だけではあまり明るい未来が見えないのは明らかです。

たとえば65歳で定年退職になったとして、85歳まで生きるとしても20年もあります。

その長い期間を何をして過ごすのか？　お金は足りるのか？　何歳まで健康で生きられるのか？

いろいろな不安があると思います。


よくいわれるのは、大きく分けて3つの不安です。

1つはお金の不安――

2019年に「老後2000万円問題」というレポートが話題になりました。

「老後2000万円問題」は、金融庁の金融審議会「市場ワーキング・グループ」が公表した報告書の中に「老後20～30年間で約1300万円～2000万円が不足する」という試算が記されていたため、大きく注目されました。夫65歳以上・妻60歳以上の夫婦のみの無職の世帯で毎月の不足額の平均が約5万円として、老後生活が20～30年継続するとした場合に、それだけの金額が合計で不足するというものです。

かなりショッキングな内容だったので、覚えておられる人もいることでしょう。

この計算方法には賛否両論あり、頭から信じるのもどうかと思うのですが、大きな話題になったのは老後のお金に対する不安が多くの人にあるからでしょう。

ある調査では、8割超の人が老後生活に対して不安を抱えているそうです。

定年後は退職金と年金が頼りですが、退職金は最後の砦として手をつけにくいし、家のローン返済に充ててしまえばいくらも残りません。あとは年金が主収入ですが、年金だけで暮らしていくと余裕のある暮らしはできません。

働くにも、歳をとればとるほど収入は望めません。それ以外に多少蓄えがあったとしても、取り崩していくと枯渇するのが心配です。対策は一朝一夕にはできません。遅くとも50歳までには準備を始めておくことが必要です。

2つ目は**健康の不安**――

歳をとれば老化は避けられません。60歳を過ぎると、がんなどによる死亡率が増加するといわれています。また、筋肉が衰え、骨密度が低下して動くのがおっくうになったり、ちょっとしたことでケガをしやすくなったりします。それが進んで認知症や要介護状態になるかもしれません。

やっかいなのは、病気の兆候が進むまで自分ではその変化に気づきにくいということです。気づかぬまま病状が進行し、気がついたときにはかなり体がダメージを受けていることが多いのです。

そうならないように、今からできるだけ健康に留意して今の状態を維持する必要があるのです。

3つ目は**社会生活の不安**――

定年退職すると、会社関係の人脈はほぼなくなります。それに代わる人間関係はあるでしょうか。家庭生活は円満でしょうか。あなたが夫ならば、妻と過ごす時間が圧倒的に増えます。そのときに夫婦関係が良好でないと、家も安住の地でなくなってしまいます。

地域社会や趣味を通じてのコミュニティはあるでしょうか。会社関係のつき合いだけだと、退職後は一気に孤独になり、話し相手もいなくなってしまいます。毎日が日曜日の状態で、あと20年間も過ごさなければならないとしたら、どうですか。

これらの不安についてご自身に引っかかるものがあるなら、今のうちから対策をとっておくことをおすすめします。

その前に大事なことは、セカンドライフ（老後という呼び方は好きではないので、定年退職後の生活をセカンドライフと呼んでいます）はどうありたいかをイメージすることです。

セカンドライフは本来、これまで一生懸命働いてきた自分へのごほうびとして、社会のしがらみにとらわれず時間を自由に使って自分らしい生き方のできるステージなのです。

それが先の3つの不安によって叶わないとしたら悲しいではありませんか。

本書では私の経験をもとに3つの不安の解消方法、理想のセカンドライフを手に入れるためのヒントをお伝えします。

定年退職してから「しまった！」と後悔しないように、今から準備していこうではありませんか。

２０２３年12月

木下　尚久

木下尚久さんの新著に寄せて

株式会社日本財託　田島　浩作

本書は50歳を過ぎてから不動産投資を始め、10年間で経済的自由を実現した人の話だ。

木下尚久さん。53歳で不動産投資を始めて63歳で会社を辞めるまでの10年間で手取り家賃収入月額60万円以上をつくった。２０１０年の不動産投資フェアで私が面談をした方だ。

奥さまと一緒に来ていて後日相談も希望されていたが、こともあろうに私がチェックミスをしてしまい、翌日に連絡をするはずが1週間後になってしまった。

再び面談した際、開口一番、木下さんに、

「ずいぶんいい加減なものですね」

などといわれてしまい、「ああ終わった」と思った瞬間、よくよく顔を見ると、生まれた時から隣の家同士で無二の親友にうりふたつではないか。なら性格も同じはずだと勝手に思い込み、気をとり直して契約交渉に臨んだところ、木下さんから話の途中で、

「今勤めている会社は戦前に艦上爆撃機をつくっていました」

といわれた。私が、

「九九艦爆ですか」

と即答すると、木下さんはいたく感動していただき、

「その名前がすぐ出る人はめずらしいですよ」

といっていただいた。私の叔父は海軍航空隊に所属しており、戦死は免れたものの体を酷使した影響で29歳のとき他界した。我が家には七つボタンと飛行帽とゴーグルが遺品としてあった。その私にとって九九艦爆という言葉はいとも簡単なものであったのだ。

そこから雰囲気はガラリと変わり、フェア限定の物件を購入いただいた。あとで聞いた話だが、そのとき木下さんは本社から子会社に出向となり、行く先を案じて資産づくりを始めたとのこと。だが不思議なもので、のちに木下さんは本社に戻り取締役に昇り詰める。人生とはわからんものだ。


契約時に実印をご持参いただくのだが、木下さんの実印は実に特徴がある。皆さんは線香花火をご存じだろうか。最後バチバチとなってぽとっと落ちるやつだ。そのひとつ手前に柳の葉のようにサーッと流れるやつがあるのだが、そんな感じの印鑑なのだ。どちらでつくっ

たのですかと聞くと、山梨県にそういう印鑑をつくる方がいて、わざわざつくってもらったそうだ。凝っている。

凝っているといえば、家はもっとすごい。最近建て直したそうなのだが、まず襖《ふすま》。二条城などの襖をつくるところに頼んだそうだ。そういう業者は民間の一般家庭の襖はつくらないらしいが、頼み込んで承諾をもらったそうだ。襖だけで15万円。私なら絶対発注しない。15万円の襖を買うくらいなら、1000円札を張って襖をつくる。部屋じゅう野口英世。そのほうが、心が落ち着く。物心ともに余裕のある木下さんだからこそのなせる技だ。

中庭には背の高い木が配置され、どこからでも光が入るように設計されている。テレビにも出たそうだ。月々のローンは家賃収入で楽にまかなえる。車はベンツ。ふたりのお子さまは学校を卒業してお勤めしており、若き日に保母さんをしていた奥さまと二人悠々自適の日々だ。

本書に私もたびたび登場させていただいている。木下さんの予備知識を読者の皆さんにも持っていただきたく、この一文をまとめさせていただいた。

もくじ　サラリーマンは50歳からが中古マンション投資の始めどき

第8章

「年金受給後」の生活を考える
セカンドライフで気にすべきこと

終章

最後の好機！
50歳というチャンスを活かそう

編集協力／菱田編集企画事務所・シニアテック研究所
組版&DTP／イノウエプラス
カバー装丁／NONdesign（小島トシノブ）
カバーイラスト／タオカミカ

序章

私が50歳で行動を起こすまで

このままの人生でいいのか?

1 ある日わいてきたサラリーマン人生への疑問

まずは自己紹介させてください。私は大学卒業後、中堅どころの上場企業に入社し、ずっと勤め上げて63歳で退職しました。あとでお話ししますが、事情があって定年を待たず早期退職しました（正確には役員になっていたので、任期途中での退任です）。

家族は妻と娘、息子の4人で、今は妻と2人暮らしです。

現在は不動産賃貸事業を個人と法人とで経営しています。その一方、退職後に庭園管理士の資格を取得し、庭師として市内のお宅の庭の手入れをしています。これは趣味兼副業のようなものです。

趣味としては、自宅を建て直したときに薪ストーブを設置したので、寒い時季は火を焚いて楽しむとともに、原木を割って薪をつくる〝薪活〟というのも楽しんでいます。ほかには、これも退職後に始めたのですが、俳句をやっています。2つの俳句の会に所属し、俳号を名乗って句をつくったり他の会員の句を選評したりしています。

それでもまだ時間はたっぷりあるので、妻と畑で野菜づくりをしたり旅行に行ったりしています。

そんなセカンドライフですが、私にとってはこれまでの人生の中で誰にも気兼ねなく好きなことができ、いちばん充実した時間だと断言できます。

◆50歳を目前にした大きな転機

しかしサラリーマンだった頃は、会社が生活の中心で有休もめったにとらず、家のことは妻任せの人間でした。

そんな生活に変化があったのは、48歳になり50歳にそろそろ手が届くようになったときです。

買収したグループ会社に出向になり、連携強化にあたっていました。1年ほどでだいぶ目途がついてきましたが、2年過ぎても3年過ぎても出向から戻る辞令は出ません。

このまま出向が続くのか、いつ親会社に戻るのかが見えず、その間に親会社では体制も替わり人事も動いている中で自分が取り残されているような気がしていました。出向先にも馴染んでいましたし、それならそれでいいという気持ちではあったのですが、心の中に、ある思いがわいてきたのです。

それは、サラリーマンは自分の人生において安住すべきステータスではないということでした。生活していくため、家族を養うために会社で働くことは必要です。また会社に所属しているからこそ、社会的地位や安定した収入が得られるのも事実です。しかし会社を離れたら自分は何者なのか、いずれ定年退職したときに何が残っているのか。それを考えたときに強烈な危機感を覚えたのです。

◆もっと世の中のことを知る必要がある！

そこで考えたのが、もっと世の中のことをよく知ろうということでした。会社の中にいては（私は事務職だったので）、狭い範囲のことしかわからない。業務に精通していても、それだけでは井の中の蛙だと思ったのです。

そこで、とにかく本を読みまくりました。ビジネス書や自己啓発書、心理学、行動経済学などの本を読みあさっていきました。その中には投資についての本も含まれていました。

それと並行して、出版セミナーやビジネスセミナー、投資セミナーなどに仕事が終わってから参加して聴講していました。いわゆる自己投資です。


日本の知識人の代表的存在ともいえる経済評論家の大前研一さんが、これからの資産形成について次のようなことを語っていました。

1つ目は、**「銀行預金一択は避ける」**こと。

デフレ下の日本では預金が最も安心とされてきたが、インフレになればその価値は目減りしてしまう。タンス預金も同じこと。預金するなら外貨にも分散しておくことだ。

2つ目は、**「カネをモノに替える」**こと。

インフレではモノの価値が相対的に上がる。史上最高値を更新している「金」もいいが、キャッシュ・フローを生むような「不動産」も必ず上がる。

それから「株」。会社が生み出す富はインフレのときには価値が上がっていく。インフレでひっくり返るような会社の株はダメだが、たとえばコンシューマー関係でグローバル化して生き残れる会社の株ならＯＫだ。

そして３つ目は、**「自分に投資する」**こと。

腕力でも知力でもスキルでも、余人をもって代えがたい能力があれば必ず価値が高まる。日本がひっくり返ったら、まずは当面、世界に飛び出して稼げるぐらいの能力を身につけること。これがインフレに一番強い。


これを聞いて、**まずは自己投資をやろうと思った**のです。

不思議なもので、そういうことに関心を持つようになると、もっと詳しい情報に出会えたり思いがけないチャンスに遭遇したりするものです。そうした中で、ロールモデルになる人物が見つかったり、やってみたいこと、ありたい姿がイメージされたりしてきたのです。

2 「経済自由人」になるということ

私にとってありたい姿は、**経済自由人になる**ことでした。

「経済自由人」とは、会社に勤めなくても余裕ある資産と収入を持ち、お金のためにやりたいことや時間を犠牲にしない生き方のことです。

では、お金持ちのことかというと、すべてのお金持ちがそういうわけではありません。お金持ちには2通りあります。1つは一時的な成功者としてのお金持ち。たとえば、宝くじに当選したり、遺産を相続したり、所有していた土地や株式を売却してまとまったお金を手にしたお金持ちのことです。

もう1つは、安定した収入があり、それを再投資してストックが増加していくサイクルを確立しているお金持ちです。一時的な高所得はなく目立ちませんが、いつも余裕のある生活をしているお金持ちです。

前者は、一時的には収入を得ますが、持続するわけではありません。

後者は、**大きな収入はありませんが、安定して持続しています。**

経済自由人とは、後者のことを指しています。

◆経済自由人とは経済的に独立し、自由に時間を使える人

サラリーマンにも高額所得者はいますが、雇われて時間に縛られていますから、経済自由人とはいえません。これはリモートワークで在宅勤務になっても同じですし、平社員でも管理職でも役員でも自由度に差はあれ大きく変わることはありません。

ではどんな人が経済自由人かというと、ビジネスオーナーや不動産オーナーがそれにあたるでしょう。彼らはオーナーであるがゆえに経済的に独立し、自由に時間を使っているわけです。

今はＦＩＲＥ（経済的に独立し早期退職する）という言葉がありますが、それも経済自由人に入るでしょう。

2通りある「お金持ち」と、経済自由人

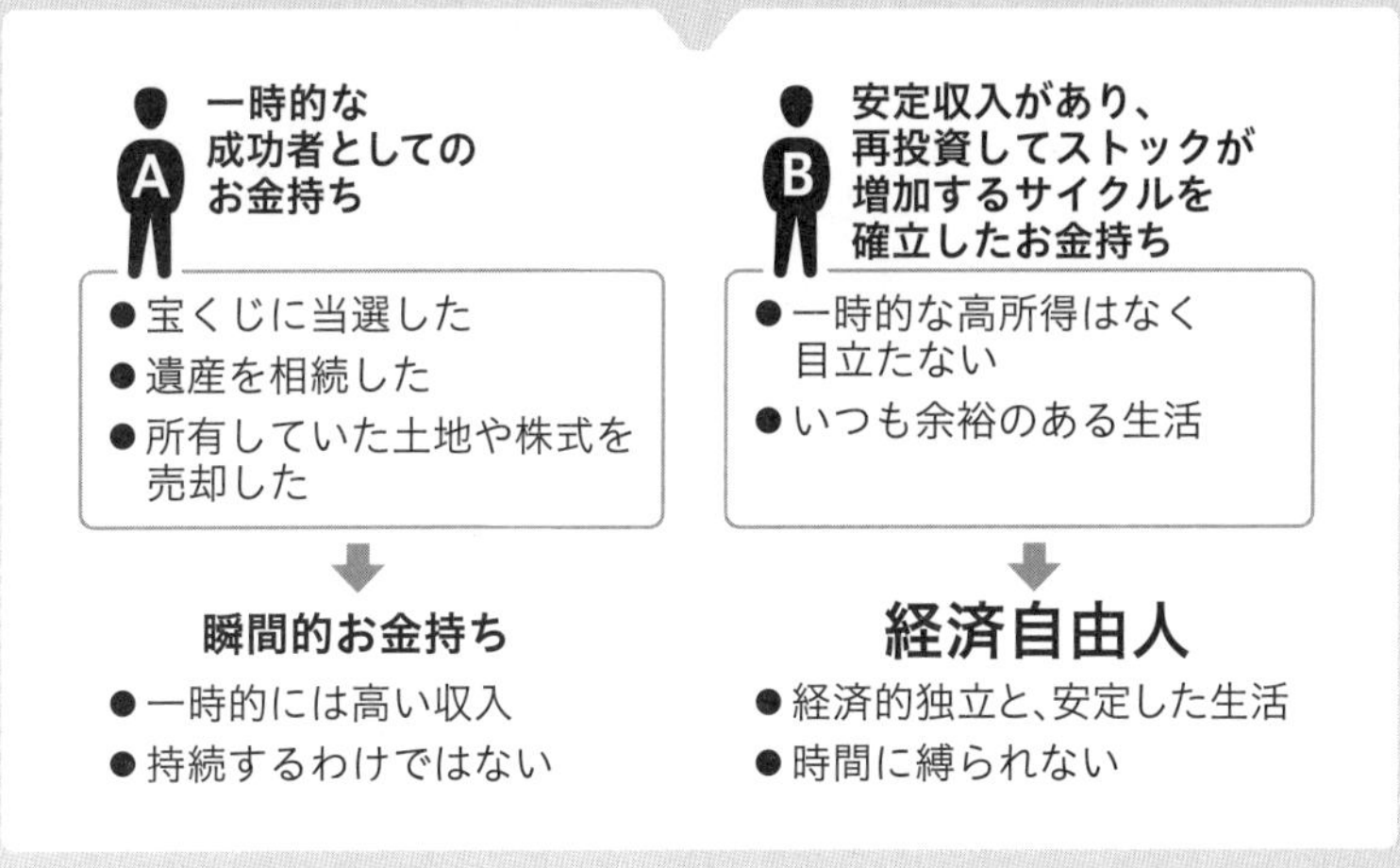
A
一時的な
成功者としての
お金持ち
●宝くじに当選した
●遺産を相続した
●所有していた土地や株式を売却した
瞬間的お金持ち
●一時的には高い収入
●持続するわけではない
B
安定収入があり、
再投資してストックが
増加するサイクルを
確立したお金持ち
●一時的な高所得はなく目立たない
●いつも余裕のある生活
経済自由人
●経済的独立と、安定した生活
●時間に縛られない

◆なりたかったのは健康な経済自由人

当時はＦＩＲＥという言葉はなかったので、ただ**経済自由人になりたい**と考えたのです。

今すぐには無理でも、定年までには自立できる生き方をしたい。定年後には年金に頼りつつさらに働き続けるという生活ではなく、好きなことに時間を使って自分らしい生き方をしたい。

厚生労働省の資料によると、日本人の平均寿命は男性で約80歳、女性で約87歳ですが、日常生活に支障なく生活できる年齢である健康寿命でいうと、男性は約72歳であり、女性は約75歳です。

すると、60歳で退職したとしても10年ちょっとしかありません。**その貴重な時間を、自分の好きなように使えないなんて、もったいないじゃありませんか。**

そんなことにならないように、何かしておくべきなんじゃないか。

そんなふうに強く思うようになりました。それが50歳になったときでした。

本書では、50歳から始めて十数年で今のセカンドライフに至った経緯をお伝えします。セカンドライフを迎えるにあたって、どのようにして退職後の３つの不安を解消していったのか、私の体験を通して語っていきますので、最後までおつき合いいただければ幸いです。

前置きが長くなりましたが、それではいよいよ本題へ進んでいきましょう。

第1章

定年後にがらりと変わる暮らし

お金の不安をどうする？

1 収入を得るための3つの選択肢

まずはお金です。「はじめに」でも述べたように、年金に頼る生活は心もとないことはわかっていました。預金はある程度蓄えていましたが、取り崩す一方では自分の寿命がわからないだけに心配です。といって倹約するあまり、やりたいことをしたり、ちょっと贅沢な食事をしたり、旅行に出かけたりすることができないようでは、味気のないセカンドライフになってしまいます。

◆雇われて働くか、スモールビジネスを始めるか、不労所得を得るか

充実したセカンドライフのためには、やはり定年後も継続的な収入は必要です。では、どのように収入を得るのがよいのでしょうか。

これには大きく分けて3つの選択肢があります。

①サラリーマン生活のように雇われて働くこと

②起業したり個人事業などのスモールビジネスを始めること

③不労所得を得ること

それぞれメリット・デメリットがあります。順番に見ていきましょう。

まず、雇われて働き、収入を得る方法です。定年退職後でも雇ってくれる働き先を見つけたり、アルバイトを探したりといった方法で、次ページ図に示すようなメリット・デメリットがあります。

雇われる働き方では、毎月給料がもらえますし、社会保険にも入っているので安心感があります。

また、現役時代の通勤に慣れた身には、職場に行き、働いて帰ってくるというリズムが合っているでしょう。現役時代ほど責任が重くはなく、気楽に働けるのも魅力です。

しかし雇われる働き方では、自分の時間を売ることになってしまい、せっかくの自由時間が活かせません。給料も退職後の再雇用では現役時代に比べて大きく下がります。よほどス

雇われて働き収入を得る方法のメリットとデメリット

メリット

- 毎月一定の収入が期待できる
- 現役時代と同じようなペースの生活ができる
- 単純作業なら責任も軽く気楽にできる

デメリット

- 仕事中は時間が拘束される
- 収入がだいぶ下がる
- 単純作業が多く、仕事の選択肢が少ない

キルを持っているか、貢献度が高い仕事ができる人でないと、これまでのような給料を維持することはむずかしいでしょう。

とりたてて特別なスキルのないサラリーマンが、定年後も雇用による就業を目指すのは、かなり条件が厳しくなるとみていいでしょう。

では、２つ目の自分でビジネスを立ち上げる方法はどうでしょうか。次ページ図に示すようなメリット・デメリットがあります。

やる気のある人なら、これは挑戦してみたい魅力的な方法に思えるかもしれません。自分で商売を始めたり起業したりするのも一つでしょうし、趣味や特技を活かしたスモールビジネス、ブロガーやユーチューバーになってのネットビジネスなど、選択肢が広がっているのは確かです。

ただ実際にやるとなると、かなりのエネルギーを使いますし、継続して安定した収入を得ることのできる人は多くないのではないでしょうか。大事な虎の子の資金を食いつぶさないか、軌道に乗るまで不安定な生活に耐えられるのかなど、かえって不安の種が大きくなるかもしれません。

自分でビジネスを立ち上げる方法のメリットとデメリット

メリット

- 趣味や特技を活かせる
- 時間に拘束されず自由にできる
- 挑戦することがやりがいになる

デメリット

- 起業するまでに情熱や努力のエネルギーを必要とする
- ある程度まとまった資金が必要になる
- すべてが成功するとは限らず、失敗した時のリスクが大きいそういった**困難に向き合う努力と情熱と適性のある限られた人だけができる方法**ではないかと思います。

最後に3つ目の選択肢、不労所得はどうでしょうか。次ページ図に示すようなメリット・デメリットがあります。

不労所得は、その言葉どおり働くことなく収入を得る方法です。たとえば投資家として配当金や利子を受け取ったり、大家さんとして家賃を受け取ったりするのが不労所得です。

これをインカムゲインといいますが、これとは別に、資産を売買して利益を得るキャピタルゲインがあります。これも不労所得ですが、インカムゲインと違うのは定期的に入ってくる収入ではなく、スポット的に入ってくる収入です。

不労所得といっても多少の事務作業はありますが、外注するなど仕組み化してしまえば、時間が拘束されることはありません。

自分の代わりにお金が働いてくれるといってもよいでしょう。

また不労所得は、稼いだお金を再投資することで資産が増えていきます。お金持ちがお金持ちである理由は、この不労所得を再投資し、複利で回しているからです。

不労所得を得る方法のメリットとデメリット

メリット

- 時間に拘束されない
- お金が働いてくれるので、自分が働く必要はない
- 複利効果が期待でき、増えた資産がさらに収入を増やしていく

デメリット

- 知識のないまま投資すると、失敗のリスクが高い
- 市況や景気に左右される
- 一定の規模にするにはまとまった資金が必要

最近はブームに乗り投資を始める人が増えていますが、知識のないまま誰かにすすめられたとか儲かりそうなどの理由で投資すると、大きな損失を被ったり詐欺被害に遭ったりしますので注意が必要です。

また経済環境に左右されることが多く、これは自分ではどうすることもできません。

証券投資は1万円からできる積立投資もありますが、不動産投資にはある程度まとまった資金が必要です。そのため初心者にとってはハードルが高く感じ、取り組む人はまだ少数派です。

しかし適切に投資すれば、自分は他のことをしていても収益をもたらしてくれ、あまった時間を自由に使うことができます。**不労所得は高齢になり体が動かなくなっても入ってくるので、将来に向けて安心感があります。**

以上、3つの選択肢を解説しましたが、いずれにもメリット・デメリットがあり、自分に合った方法を選択するとよいでしょう。

雇われながら副業でスモールビジネスをしているなど複数の方法で収入を得ている人もいるので明確に区別はつきにくいのですが、おおざっぱに見て、雇われて働く人が8割、自分でビジネスを立ち上げる人が1割、投資で不労所得を得る人が1割といったところでしょうか。

まだ圧倒的に雇われて働く人が多いように思います。現役のビジネスマンと話していて気づいたのですが、大企業や公共機関で働いている人ほど、その傾向が強いように感じます。

安定しているがゆえに、雇われて働く以外の働き方は眼中にないのかもしれません。

2 セカンドライフに必要なのは不労所得

前項で示した3つの選択肢の中で、多くの人がねらうべきは、不労所得だと思います。

不労所得と聞くと、汗水たらして働くことが尊いという価値観を持っている人は眉をひそめるかもしれませんが、セカンドライフには最も適している方法なのです。

◆これまでのライフプランは役に立たない

かつてライフプランというのは、次のような一定の前提に従ってつくられていました。

・入社したら定年まで勤め上げる
・給料は年功序列で上がっていく

・老後は退職金と年金で暮らしていく

ところが今は、このようなライフプランはあまり役に立ちません。

・大企業に勤めていても経営危機、雇用不安がある
・給料は頭打ちか減額になる
・老後に十分な退職金や年金は期待できない

前提があるとすれば、このようなことでしょう。前提がくずれたために、以前に立てたライフプランの見直しを余儀なくされた人や、ライフプラン自体が破たんしてしまった人も多いはずです。にもかかわらず、依然として古い前提にとらわれて現実とのギャップに悩んでいる人が多いのも事実です。

では、どこまでを前提が変わる想定の範囲内にしておくべきでしょうか。給料や年金については、誰しも想定の範囲内にすべきだと思われるのではないでしょうか。さらに段階を深めれば、勤め先の経営難や倒産に伴う突然の失職も想定の範囲に入るかもしれません。

◆安定収入が途絶える！　最悪のケースを想定すると……

セカンドライフにおいて最悪のケースは、**安定収入が途絶えてしまう**ことです。たとえ預貯金などの蓄えがあったとしても、収入が途絶えて毎月残高がじりじりと減っていくのはいい気分でないことは確かです。ふだん想定していなくて、いざこのような事態がやってきた場合、「想定外だった」と嘆いてみても遅いのです。

安定収入が途絶えてしまう事態に備えて副収入の道を用意しておくのも対策のうちなのです。具体的な方法は人それぞれでしょうが、会社に勤めながらとか、病気で働けない場合に得られる収入というと、必然的に不労所得になります。

不労所得こそが、自分が動けなくなっても、あるいはたとえ死んだとしても継続的に家族に収入をもたらしてくれる方法なのです。

自分が時間を使って働かなくても自動的にお金が入ってくる仕組みをつくれば、時間を犠牲にすることも、きつい思いをすることもありません。また、病気やケガをしたり高齢で動けなくなったりしても、収入が途切れることはありません。

高齢になればなるほど、年金プラス不労所得のありがたみがわかってくるはずです。年金も不労所得ですので、それにもう一つ不労所得を加えれば、働かなくても食べていける生活が実現します。

年金だけでも贅沢をしなければ食べていけるとは思います。ですが、やはりそれでは不足と思ってアルバイトやパートで収入を補完している人が多いのが実情です。

そもそも多くの人が定年後も働くのは暮らしていくために必要だからであって、不労所得によってその心配がないのであれば、働かなくてもよいわけです。その分、好きなことに時間を使い、家庭を大事にして理想のセカンドライフをすごしたほうが、ずっとよいではありませんか。

私の場合は、セカンドライフは時間を自由に使いたかったので、雇われて働くという考えは最初からありませんでした。といって、自分で商売を始めるのはリスクが高すぎてむずかしいと思っていました。ただ、好きなことを仕事にするようなスモールビジネスならできるかも、と考えていました。

しかし、それだけでは十分な収入を得ることはできません。そこで、

・不労所得を得ながら
・好きなことを仕事にして
・働く時間は自分で決める

これこそが理想だと思ったのです。

第2章

証券投資のうま味と苦味

「不動産」に取り組む前にやってみた

1 私の証券投資の成功と失敗

不労所得を得るためには、投資が必要です。投資の中でもとっつきやすいのが、株式や債券に投資する証券投資です。誰でも参加することができ、少額から始めることもできます。

やったことのない人には大損をしかねないギャンブル的なものに見えるかもしれませんが、ちゃんと知識を身につけてリスクの少ない方法で行えば堅実な投資手法です。

◆「やってはいけない投資」にはゼッタイ手を出さない

もちろん、やってはいけない投資というものもあります。

まず、マルチ商法です。いわゆる、商品を売るより販売システムを売るもので、これについてはいわずもがなでしょう。

次に、公開市場を通さないプライベートファンド。すべてが悪いとはいいませんが、市場を通さないということは透明性に問題があるということです。運用会社が運用データをねつ造してもわかりません。

また、流動性の低い特殊な商品への投資もあります。養殖エビとか和牛商法とかいわれるものです。マーケット自体が小さいですし、その会社だけでやっていたとしたら、その会社が傾けばそれで終わりですから、非常に危険です。

さらに、元本保証や常識外れの高利回りを謳っているもの、「あなただけ特別に」と売り込んでくるものはほとんど詐欺と思って差し支えありません。

投資にはリスクがつきものですし、高リターンでノーリスクというのはあり得ません。また、公正・公平をモットーとする市場で、特別扱いが許されるはずもありません。

結局、おすすめできるのは株式や債券などの証券投資と不動産投資。それも、公開市場を通した透明性のあるものです。また、長期投資でキャピタルゲイン（売買益）よりインカム

ゲイン（利回り益）を主体とするものです。

そのうえで、手数料など運用コストの低いものや、誰が見ても理解できる仕組みのものを選びます。高コストのものや複雑な仕組みの商品、ボラティリティ（価格変動の度合い）の高いものはリスクも高くなります。

ゆめゆめ危ない投資に手を出してはいけません（次ページ図参照）。

◆まず証券投資を始めてみた

私がまず始めたのは証券投資です。不動産投資については、証券投資を本格的に3年ほどやったあとで始めました。都合上、特定の商品や銘柄を明示することはできませんが、「こんなやり方がある」と知ってもらえたら幸いです。

最初はそれほどの知識もないまま投資を始めました。それまでにも株式は数銘柄保有していましたが、投資額としては少なく、配当金もお小遣い程度でした。またポートフォリオを見直すこともなく、保有しているだけでした。

元手は預金の一部です。生活資金を確保したうえで投資に充てる資金を決め、その範囲で

「初心者にとって危ない投資・おすすめ投資」

危ない投資

- マルチ商法
- 公開市場を通さない
  プライベートファンド
- 流動性の低い特殊な商品への投資
- 元本保証や常識外れの高利回りを
  謳っているもの

おすすめ投資

- 株式や債券などの証券投資と
  不動産投資
- 公開市場を通した透明性のあるもの
- 長期投資でキャピタルゲイン（売買益）
  よりインカムゲイン（利回り益）を
  主体とするもの

行うことにしました。

特色のある商品を扱っていると定評のある中堅証券会社を選び、1000万円強を投入しました。自分でも思い切った判断でしたが、少額投資ではリターンも少ないと考えての金額です。

銘柄は**国内の株式を複数銘柄とブラジルの債券ファンド、また世界REIT（不動産投資信託）**です。債券ファンドとREITはどちらも毎月分配型で、始めた当初は特に大きな損失を被ることもなくリターンを得ることができました。合わせて毎月20万円弱の分配金を得ることができ、それを子どもの学資に充てることができました。

幸いしたのは、始めたタイミングがリーマンショックのあとであったことと、BRICsといわれる新興国の経済成長の波に乗れたことです。これなら証券投資で資産形成ができると、楽観的に考えていました。

しかしあとになって考えると、これは**本当に運がよかっただけ**なのです。もしリーマンショック前に投資を始めていたら、一発で立ち直れない痛手を被ったことでしょう。たまたま上げの波に乗ることができたというだけです。

しかし景気は波のうねりのように変動するものです。歴史を見ればその繰り返しで、上げの波のあとには必ず下げの波が来るのです。その証拠にＢＲＩＣｓブームも長く続かず、国内株式も東日本大震災の影響などもあり、アベノミクスまでは長い冬の時代が続くことになりました。

◆寄せては返す波に乗り、やがて……忘れる

好調だったブラジル経済に翳りが見え、世界の不動産市況も勢いを失ってくると運用益が出なくなり、特別分配といって投資元本を取り崩して分配するようになりました。基準価額も下がってきたのでこれ以上は無理だと判断し、損切りの解約で１００万円を超える損失を出しました。売却せず保有し続けていた国内株式にも含み損が出て、塩漬けの時代が続きました。

ただ、残った株式は安定して配当を続けていたので、配当ねらいで売却せずにいました。そのまま保有していることも忘れたように放っておいたら、アベノミクス後は徐々に回復しました。

そのうちに含み損が含み益に転じ、そこからは上げ調子で現在に至っています。結局、**何**

もしないで長期保有していただけで資産が増えたのです。

証券投資の世界には、「**資産運用の成績が最もよかった人は、亡くなった人と忘れている人**」という格言があります。まさにそのとおりだと思ったものです。実際、これまでの運用状況を見ると、短期では上がり下がりを繰り返しながらも長期で見ると全体として評価額は大きく上昇しています。

この成功と失敗から得た教訓は、その後の証券投資に大きな影響を及ぼしました。

一時的なブームや短期的な経済動向に振り回されずに、**優良銘柄を長期的スタンスで保有しどっしりと構えていれば、結果はついてくる**。そこでもう一度自分なりに勉強し直して、結論に至ったのが、これからお伝えする投資方法です。

ずいぶん〝ベタ〟なやり方だと思うかもしれませんが、これがベストだと断言します。特に初心者にとっては間違いなくベストだと思います。

2 初心者に最良の証券投資の基礎知識と知恵

これまでお伝えした経験からいえる私にとっての最良の投資方法は、次のようなものです（これが自分に合うかどうかは、ご自身でお決めになってください。また、結果は自己責任でお願いします）。

◆無知なまま始めない

まだ証券投資をやったことがない、あるいは少しかじっただけという人は、**まずは本やセミナーでの勉強をしてください**。知識がないまま投資を始めるのは、訓練もせず武器も持たず戦場に行くようなものです。

証券投資の最大のリスクは、市況変動や売買のタイミングではありません。無知な状態のまま投資を始めることです。いきなり証券会社や銀行の窓口に行って、「何かよい商品はありませんか」と訊くのは、みずからカモが来たと知らせる自爆行為です。最低限の知識は身につけましょう。

まずは本です。本といっても何でもよいというわけではありません。「○○で儲かる！」といった投資法の本ではなく、株式や債券のメリット・デメリットを解説しているような本がおすすめです。**いきなり特定の投資法にのめり込まず、基礎知識を身につける**ようにしてください。

なお、本書の巻末に、「投資する前に読むべき本」のリストを載せていますので、参考にしてください。

セミナーも、どれでもよいというわけではありません。証券会社や銀行などは基本、販売する商品の宣伝をするポジショントークが多いので、最初は避けたほうが賢明です。金融リテラシーの教育をしている講座とか、東京証券取引所のような機関が開催している講座なら、商品販売との紐づきはないので安心です。

◆商品選びでやっていいこと悪いこと

さて、ある程度の知識を身につけたら、投資する商品を選びます。

商品選びでまずやってはいけないのは、日々の値動きで利ザヤをとろうとするデイトレードのような取引です。多少の知識を仕入れたからといって、プロを相手に勝てる世界ではありません。始めた当初の段階では、個別株式の取引自体、まだ早いと思います。

いちばんおすすめなのが、日経平均株価やアメリカのS&P500といった**主要な株価指数の値動きに連動するインデックスファンドの投資信託**です。日々の値動きは新聞やテレビで報じられるので、資産状況がわかりやすいのです。

同じ投資信託でも**注意すべきなのが、アクティブ運用の投資信託**です。ファンドマネジャーが銘柄を選別して運用するので手数料が高く、そのわりに運用成績が悪いのもあり元本が減る可能性も高いです。販売する側から見れば、こういう商品のほうが利益になるのですすめてきますが、軽々しく乗ってはいけません。

◆リスクの低さとコストの安さが商品選びのキモ

初心者が商品を選ぶうえでキモになるのは、利回りではありません。それよりも**リスクが低いこと、そしてコストが安いこと**、この2つです（次ページ図参照）。

(1)どこまでリスクを許容できるか、自分なりに判断する

まずリスクから見ていきましょう。

最初に伝えておきたいのは、どんな商品にもリスクがあるということです。リスクが高い低い、の違いはありますが、リスクゼロの商品はありません。もしリスクゼロでハイリターンを標榜している商品があったとしたら、怪しい話とみていいでしょう。

問題は、**どこまでリスクを許容できるか**です。レバレッジを掛けて元本の何倍も投資できる商品ならリターンは高いですが、損失も何倍にもなります。一般的にリスクとリターンはトレードオフなので、あまりリスクが低いとリターンも低くなります。

人によってリスク許容度は違うので、どこまで損失が出ても致命的にならないかを自分な

初心者が投資先を考えるうえで押えるポイント2つ

リスク

どこまで許容できるか

↓

レバレッジを掛けて元本の何倍も
投資できる商品ならリターンは高いが、
損失も何倍にもなる

あまりリスクが低いとリターンも低い

コスト

運用の受取額に大きな差が出る

↓

株式取引なら売買手数料、投資信託なら
購入時手数料、運用管理費用（信託報酬）など

ネット証券は１取引で100円しないものや
手数料無料のものもある

投資信託でもインデックスファンドの
信託報酬は0.1％程度

アクティブ型の投資信託は
信託報酬が１％近く

アクティブ型の投資信託は購入時にかかる
販売手数料が元本の３％近くもかかる

りに判断してください。

(2)コストは運用の受取額に大きく影響する

次にコストです。コストには、株式取引なら売買手数料、投資信託なら購入時手数料、運用管理費用（信託報酬）などがあります。株式の手数料は証券会社によって異なり、投資信託では商品によって差があります。

たとえばネット証券は1取引で100円しないものや手数料無料のものもあります。投資信託でもインデックスファンドの信託報酬は0・1％程度。直接販売の独立系投信は販売手数料が無料のところが多いようです。

先にも述べましたが、アクティブ型の投資信託は信託報酬が1％近くあり、インデックス型に比べると相当な差があります。アクティブ型投信はそれ以外にも購入時にかかる販売手数料があり、元本から3％近く差し引かれてしまいます。たとえば100万円の投信を買うと、97万円からの運用になってしまうわけです。

これらの**コストの差は、運用していくうえで受取額に大きな差となってあらわれます**。手数料はパンフレットや目論見書などで確認できるので、できるだけコストの低い証券会社や金融商品を選びましょう。

だいぶ専門用語が出てきましたが、ここでは一つひとつの説明は省きます。わからなければネットで調べれば用語の解説があります。先ほども述べたように、こうした用語をまず理解できる基礎知識があることが肝心です。本書だけを読んで投資を始めるようなことはしないようにしてください。

3 リスクを過度に高めない分散投資のすすめ

前項の基礎知識や知恵を踏まえた初心者の投資では、リスクを過度に高めないために分散投資が有効です。

投資の世界には「卵は一つのカゴに盛るな」という格言があります。卵を一つのカゴに盛ると、そのカゴを落とした場合には、全部の卵が割れてしまうかもしれないが、複数のカゴに分けて卵を盛っておけば、一つのカゴを落とし中の卵が割れてダメになっても、他のカゴの卵は割れずに済むということです。

証券投資も同じです。**一つの銘柄に資金を集中するのではなく、いくつかの銘柄に分けて投資する**ようにしましょう。**分野別に分散投資する**ことも必要です。日本株式、日本債券、外国株式、外国債券に分けておけば、どれかが悪くなってもほかで補完できます。

もう一つ、**高値つかみのリスクを減らす**ことも大切です。相場が上昇基調にあると、まだ上がると買ってしまったりしますが、実はそこが天井でそれから下がってしまうかもしれません。

しかし相場が高いかそうでないかを見分けるのはむずかしい。プロでもむずかしいのに、初心者にわかるわけがありません。そこで、相場を見極めつつ売買する方法とは別の方法で買えばいいのです。それが「**ドルコスト平均法**」です。

◆一定金額で毎月継続して購入する「ドルコスト平均法」

「ドルコスト平均法」という名称はむずかしいイメージがありますが、要するに**一定の金額で毎月継続して購入する方法のこと**です。毎月同じ金額なのでいくらにしようか悩むこともありませんし、口座から自動引落にしておけば毎回手続きする手間も省けます。

また**一定額のため、相場価格が高くなっているときは口数が少なくなり、下がっているときは口数が多くなる**ので、平均すると買付コストを低く抑えることができるのです。

つまり、価格が下がったときでも、多くの量を低価格で買えるので、投資妙味はあるわけです。また価格が上がったときには、**「量×価格＝投資成績」**ですから、投資成績がぐんとアップします。

ドルコスト平均法で運用すると、価格が下がってもあせらずにどっしりとかまえていられます。むしろ、量がたくさん買えるのでうれしい気分にもなります。

実際、ドルコスト平均法で運用すると、価格が7年間にわたり8割下落し、残り3年で5割まで戻した場合でも利益が出るというシミュレーションがあります。

◆積立投資で長期間運用する

ドルコスト平均法での運用を応用したのが**積立投資といわれるもので、コツコツ毎月無理なく続けていけるのでおすすめ**です（次ページ図参照）。

たとえば毎月1万円ずつ積み立てると、投資元本は1年で12万円、5年で60万円になります。10年だったら120万円です。何もしなくても、たとえ忘れていても自動で積み立てている限り投資額と口数は増えていき、仮に基準価額が10年で30％上昇したとしたら、単純計算で資産額は150万円を超えます。これに分配金を再投資して複利で運用したら、さらに

積立投資・長期運用の計算

毎月１万円ずつ積み立て

投資元本

1年 12万円 → 5年 60万円 → 10年 120万円

↓

自動で積み立てている限り投資額と口数は増加

↓

基準価額が10年で30％上昇したら、
単純計算でも資産額は150万円

↓

150万円と分配金を再投資して複利で運用

Ex.

年率５％で毎月１万円を投資

10年後の運用益は35万円

↓

毎月10万円ずつ積み立てると、
運用益は350万円に

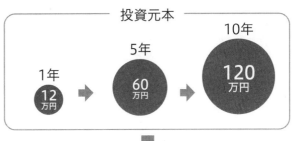

資産額はふくらみます。

仮に年率5％で毎月1万円を投資すると、10年後の運用益は35万円になります。毎月10万円ずつ積み立てていたら、運用益は350万円にもなります。実際にそれ以上のパフォーマンスを出している商品もあります。

これだけ安定したパフォーマンスが出るのに、なぜ日本ではそれほど普及しなかったのか。それは**販売する銀行や証券会社が儲からないので、おすすめしてこなかった**からです。彼らからすると、まとまったお金で手数料の高いアクティブ投信を購入してもらうほうが手数料収入になるからです。

これまで**証券投資はギャンブルだと思って敬遠してきた人でも、この「ドルコスト平均法」を使えば、それほど抵抗なく受け入れられる**でしょう。

注意点としては、**長期運用すること。短期運用には向きません**から注意してください。

◆コストの低い取引先と取引を選ぶ

コストの低い取引先を選ぶことも大事なポイントです。ネット専業の証券会社は手数料が安いですし、ネット専業でなくてもネット取引であれば手数料が割安になっています。

担当者のいる証券会社は手数料が高いので、**最初のうちはネット取引が無難**です。もし手数料が高くても担当者がいたほうが安心と思うなら、担当者がすすめてきたものを自分で判断できるようになってからにしましょう。

独立系投信も、運用会社が直接販売するので手数料が割安だったりノーロード（購入時手数料無料）だったりします。またそれぞれ投資哲学があり、運用レポートの発行や運用説明会の開催など投資家との対話を重視しています。

有名なところでは、さわかみ投信、ひふみ投信、コモンズ投信、鎌倉投信などがあります。各社のホームページを見て共感できるものを選ぶとよいでしょう。

また、インデックスファンドは日経平均株価などの株価指数に連動するので手数料が安いです。**ETF**（上場投資信託：証券取引所に上場し、株価指数などに代表される指標に連動した運用成果をめざす投資信託）なら株価指数変動で数千円程度から投資できるので、こちらもおすすめです。

個別株式は銘柄によって上がり下がりがありますが、相場全体としては上がり下がりを繰り返しながらも長期的には上がっています。

たとえば日経平均株価は10年前の2013年には1万3000円から1万4000円台でしたが、2023年現在では3万円を超えています。10年前に日経平均を基準にしたインデックスファンドを買っていれば、倍以上になっていたわけです。

日本株式以外にも、米国株式や新興国株式、世界株式などを基準にしたインデックスファンドがあります。

そもそも人類が経済活動を続けていく限り、経済成長していきます。日本が停滞しているときも米国や中国、新興国などでは成長していましたし、世界全体で見れば成長は続いているのです。

◆税金もコスト。安く上げるにはNISAとiDeCoを活用

もう一つ、税金もコストです。基本的には配当金と譲渡益それぞれに所得税15%と、住民税5%、合わせて20%の税金がかかります。さらに2037年12月末までは、これに復興特別所得税が加わり、合計20・315%の税金がかかってきます。

これに対しては、**NISAとiDeCoを活用すべき**です。

リスクとコストを減らす方法

リスクを減らすためにやること

- 投資は基礎知識を得てから
- じっくり資産を育てる長期投資を
- 投資先を複数に分ける分散投資で
- ドルコスト平均法で積立投資を

コストを減らすためにやること

- ネット証券かネット取引で
- インデックスファンドやＥＴＦから
- 独立系投信も一考に
- ＮＩＳＡやｉＤｅＣｏを活用する

ＮＩＳＡは、専用口座を開設して上場株式や株式投資信託などを購入すると、その配当金、分配金や譲渡益が非課税になる制度です。２０２４年からは新ＮＩＳＡ制度が始まり、**年間の非課税投資上限額の拡大や非課税保有期間の無期限化、口座開設期間の無期限化などが実施**されますので、始めるには絶好のチャンスだと思います。

ｉＤｅＣｏは個人型確定拠出年金のことで、自分で決めた掛金を積み立てて運用し、60歳以降に受け取る年金です。毎月の掛金は全額所得控除の対象になります。ただ10年以上は加入しなければならず、60歳までは途中で引き出しはできないので注意してください。50歳からだと、望む成果を生むには時間的にちょっとむずかしいかもしれません。

以上のようなことに考慮して投資すれば、リスクもコストも低く、堅実なリターンが見込めるのです。

4 慣れてきたら始めたい個別株式投資

ここまでは初心者向けの投資法を紹介しました。少し慣れてきた、もう少し積極的にリターンをねらいたいという人は、株式の個別銘柄に挑戦してみるとよいでしょう。

ただ、日本の上場会社だけでも3800社ほどもあるので迷ってしまいますね。選び方はいろいろあると思いますが、まずは**『会社四季報』（東洋経済新報社）を読み込む**ことをおすすめします。

◆最小投資単位の100株から始め、慣れてきたら購入株数を増やす

『会社四季報』は、3カ月ごとに年4回刊行されており、全上場会社の情報が網羅されてい

ます。面倒でもすべての会社に目を通すと、気になる会社が見えてきます。

最小投資単位の100株から始めて、慣れてきたら購入株数を増やしていきましょう。100株なら大抵の株が100万円以内で購入できます。10万～30万円程度の手頃な価格で買える株もたくさんあります。最近は株価の高い銘柄も株式分割して、買いやすくする企業も増えてきました。

ついでに言うと、株主優待をしている株を買うと、その企業の商品や割引券をもらえる楽しみもあります。

「四季報は分厚くてとても読み切れない」という人もいますが、データを見ずに、どのように株を買うのでしょう。株価が上がっているからとか新聞記事を見てよさそうだからという理由で何十万円も投資するほうが、よほどリスクが高いと思います。

私の読み方は、**ひととおりざっと見て気になった企業のページに付箋をつけておき、あらためてじっくり読み直す**というものです。それでも何十社とありますが、その中からさらに絞って投資する企業を決めるのです。これなら自分で十分に時間をかけて検討しているので判断に納得できます。ただすぐに購入せずに、常に株価をチェックして割安になったところで買うのがベターです。

◆グロース株投資とバリュー株投資のどっちがいい？

投資法にはいろいろあり、チャートを分析する本格的なものもありますが、基本的には**グロース株とバリュー株に投資する方法があります。**

(1)グロース株投資

グロース株投資は、売上や利益が急速に伸びており、株価が大きく上昇する可能性がある企業をねらって投資する手法を指します。株価の大幅な上昇を期待してキャピタルゲイン（売却益）で利益を出す投資スタイルです。グロース株の多くは新興企業で、配当を出していないことが多いです。

(2)バリュー株投資

バリュー株は地味な経営を行なっている安定企業が多く、高配当を続けている企業も多いです。この投資法は、インカムゲイン（配当益）とキャピタルゲインの合わせ技で利益を出す手法です。バリュー株には高配当銘柄が多く、割安なときに買えば利益を得やすくなります。

グロース株投資とバリュー株投資のどちらがいいか――。**私はバリュー株投資をおすすめします**。話題のハイテク・IT企業などは、急成長しているともっと成長しそうな気がして買いたくなりますが、そのときには高値圏に入っていることが多く、そのあと急成長にブレーキがかかり株価が急落することがあります。もちろんもっと成長して1年で株価が10倍になるテンバガー銘柄もありますが、ケースとしてはまれです。ハイリスク・ハイリターンがグロース株投資の特徴といってよいでしょう。

これに対してバリュー株は、株価は急には上がりませんが、長期保有しているうちにじわじわ上がって2倍、3倍になったりします。「投資の神様」として有名な投資家ウォーレン・バフェットもバリュー株投資です。

◆50歳からの10年でも、着実に資産をつくれる

50歳から始めて10年あれば、このような方法で資産を増やすことができます。

私の現在の有価証券の資産額は6000万円ほどですが、そのうち2000万円は評価益です。これも短期的な売買を繰り返したわけではなく、配当金や分配金をそのままMRF（証券総合取引口座専用の投資信託）に預けておき、そのお金で時価が下がって買い頃になった銘柄を買い足してきただけのことです。

大事なのは**短期の変動に一喜一憂せず、コツコツと長期スタンスで投資を続けること**です。短期的な売買を繰り返さず、10年かけて分配金や配当金の再投資を続けていけば、定年までには資産が拡大しているはずです。

第3章

資産が着実にキャッシュを生む 不動産投資を始める

1 キャッシュインを重視する不動産投資

前章まで証券投資で資産を増やしていく方法を述べましたが、一つ問題があります。それは〝日ゼニ〟が入ってこないことです。考えてみれば、証券投資で毎月継続的に収入を得るのは容易ではありません。配当金は主に年2回ですし、業績によって変動があります。

毎日デイトレードを繰り返し、日ゼニを稼ぐのは容易ではないのです。

毎月分配型の投資信託もあって、お金が毎月入ってくるのでありがたがる高齢者も多いようですが、これは要注意です。運用成績がよいとたしかに利金《りきん》が振り込まれてきますが、運用成績が悪くなると元本を取り崩して分配するのです。

つまりは預けているお金を引き出しているようなもの。再投資はしないので複利効果はありませんし、もちろん時価が下がれば元本損失のリスクがあります。

つまり、**証券投資で継続して安定的な収入（手取りのキャッシュ）を得るのはむずかしい**のです。

もちろん、じっくり資産を増やしていくのには向いていると思います。毎月一定のキャッシュ・フローはありませんが、数年たってみたら評価額が元本の数割増しになっていたというイメージです。

要するに、短期的なキャッシュインをねらわず、**長期的なスタンスで資産を増やしていくのが証券投資のあり方**なのです。

◆毎月定額でキャッシュが入るのは不動産投資しかない

証券投資もいいけど、毎月定額でキャッシュが入る方法があればもっといい――。給料のように毎月決まった金額が入ってくれれば安心ですし、お小遣いや生活費に充てることもできます。

しかも自分は働かない不労収入で――。

いろいろ調べましたが、結論としては「これしかない！」と思いました。

それが不動産投資です。**不動産を賃貸し賃料収入を得ることで、毎月一定のキャッシュイン**が**可能**になります。

不動産投資というと、証券投資よりもリスクが高く、資金も必要でハードルが高い印象がありります。私も最初はそう思いました。そこで関連本を読んだりセミナーに行ったりして調べてみました。

繰り返しになりますが、**証券投資にせよ不動産投資にせよ、まずは基礎知識を得ること**です。これは何度でも声を大にしてお伝えしておきます。こちらも巻末に不動産投資にあたって読むべき本をリストアップしておいたので参考にしてください。

2 50歳からでも不動産投資がよい理由

「幽霊の正体見たり枯れ尾花」ということわざがありますが、幽霊に見えたものがよく見たらススキの穂だったように、不動産投資もよく調べてみたら、それほど怖いものではありません。

いちばん怖いのは巷で聞く投資失敗話だと思います。しかし**それは間違った方法で投資したからです**。具体的には収益を得にくい物件に投資したり、大きな借金をして投資したり、あるいは詐欺的な話に騙されたりしたケースです。

不動産投資にもリスクの少ない方法はあり、**適切な方法であればサラリーマンにもできる投資なのです。いや、むしろサラリーマンだからできる投資**だといってよいでしょう。

50歳近くになって始めても……と思われる方もいるかもしれませんが、むしろ**50歳は不動**

産投資をするのに適した年齢なのです。

◆融資を受けやすく、自己資金があり、家計負担も減る世代

50歳は不動産投資をするのに適した年齢である理由は次の3つです。

理由その1
▼勤続年数が長く、課長や部長などの役職者であれば信用度が高く、融資を受けやすい

そもそもサラリーマンは毎月の収入が安定した職業とされているので、融資が下りやすいのです。まして、上場企業や一定規模の会社の管理職であれば信用度はさらに高くなります。

これが自営業だと収入が不安定だと見なされ融資が受けにくくなります。

理由その2
▼預貯金にある程度の蓄えがあり、自己資金に充てられる

50歳くらいになれば、数百万円の蓄えはあるでしょう。生活資金には手をつけず、使える

余裕資金は多少なりともあるのではないでしょうか。

理由その3

▼子どもも大きくなり、学費の目途もだいたいついて、家計の負担が減ってきている

50歳前後だと、子どもは高校生か大学生でしょうか。家計の大きな負担になっていた学費にも、そろそろ目途がつきつつあるのではないでしょうか。

これらは若いうちにはないメリットです。これらの**メリットを活かせば、定年退職までの約10年間で資産形成することは十分可能**です。

では、リスクが少なくサラリーマンだからこそできる不動産投資とは、どんなものでしょうか。その前に、そもそも不動産投資にはどんなリスクがあると一般的には考えられているのでしょう。不動産投資について、この点から説明していきます。

3 不動産投資にはどんなリスクがあるか

不動産投資は、大きく分けて次ページ図のように3つのリスクがあります。順に説明していきます。

リスク1

▼空室リスクと賃料下落リスク

不動産投資でいちばんのリスクは空室リスク。**入居者がいないと賃料が入ってきませんから、購入コストや維持管理コストはそのまま持ち出しに**なってしまいます。人口の少ない地方の物件や立地の悪い物件は、退去者が出ると次の入居者を探すのは容易ではありません。結果、賃料を下げなければならず、賃料下落リスクにつながります。つまり**空室リスクと**

不動産投資のリスク

リスク1　空室リスクと賃料下落リスク

リスク2　資産価格の下落リスク

リスク3　管理費など維持コストのリスク

賃料下落リスクは連動しているのです。

リスク2

▼資産価格の下落リスク

建物が古くなってくると、資産価値は下がっていきます。地方の物件だと、人口減で地価も下がる可能性があります。

また、新築物件は広告費や販促費が上乗せされているため販売価格が高く、購入した時点で新築ではなく中古物件となってしまうため、資産価格は大幅に下がります。

リスク3

▼管理費など維持コストのリスク

賃貸不動産には管理費や入居者募集費、修

繕費などの維持コストがかかります。普通、維持コストは家賃で吸収できるのですが、**空室になったり家賃が大幅に下がったりすると、維持管理コストのほうが上回り、赤字**になってしまいます。

1棟アパートなどの大家さんは自分で維持管理をしている方もいますが、時間もかかりますし、費用もすべて自分でまかなわなければならず、大変です。管理会社に委託するという方法もありますが、会社によっては手数料が高いところもあるので注意が必要です。

◆不動産投資のリスクを最小化する「東京中古ワンルーム」

これら3つのリスクを最小化する投資手法はあるのでしょうか。つまり、空室ができにくく空室になったとしてもすぐに次の入居者が決まる物件、したがって賃料も下げなくてもすむ物件とは何でしょう。

建物と土地の資産価格が下落しにくく、いつまでも資産価値を保ちやすい物件とは何でしょう。維持管理費が安くオーナーの手がかからない物件とは何でしょう。

それが**東京中古ワンルーム**です。

4 東京中古ワンルームが最強の投資である理由

なぜ、東京中古ワンルームなのか。まず東京は日本でいちばん人口が多く、流入人口も最多です。つまり需要があるのです。ゆえに**地方に比べて空室リスクが低く、したがって賃料下落リスクも低い**のです。

次に中古ということですが、**新築に比べてすでに手頃な価格に下がっているので価格下落リスクが低い**のです。低いがゆえに、購入するのにもそれほど大きな資金を必要としません。

そしてワンルームは、マンションで単身者向けの部屋です。**面積が20㎡程度と小さく、維持管理費が安く**すみます。

東京は地方から学生や就職した人がやってきて、手軽に住める部屋を探しています。また、未婚率の上昇で中年以降になってもひとり暮らしの人が増えています。そういう人たちにワンルームがぴったりなのです。

東京中古ワンルームの購入価格は1000万円台が中心ですが、これがアパートやファミリーマンションだったら数千万円はかかるでしょう。もちろん1000万円でも安い買い物ではありませんが、100万円程度の頭金があれば残りはローンを組むことができます。

なお、ローンを組むことが怖いという人もいるでしょう。なぜ東京中古ワンルームならローンを組んでも安全性が高いのか、それについてはのちほど述べます。

◆東京中古ワンルームなら、さまざまなリスクを乗り越えられる

東京中古ワンルームをおすすめするのは、それだけではありません。前項の3つのリスクには含まれていませんが、ほかにもリスクはあるのです。たとえば、**地震や火災で建物が被害を受けるリスク**です。

アパートや1棟マンションだったら、1部屋が火災になればほかの部屋も被害を受けやすくなります。もしも全焼してしまえばすべてがパーです。地震で建物が倒壊してしまえば、一瞬で資産価値はなくなります。復旧するにも、多大な時間とお金がかかります。

その点、**複数のワンルームを東京の各所に購入し分散**させておけば、火災が起きても被害はその物件だけですみますし、地震が起きてもすべての物件がダメになることはないでしょう。無事だった物件は、被害のあった物件が稼働を停止している間も収益を生み出してくれるのです。

複数の物件を持つメリットは、空室リスクを減らすことにもつながります。一つの物件で空室が出ても、他の物件があれば収益がゼロになることを防げるのです。これは証券投資と同じで、一つのカゴに卵を盛らないことでリスクを分散させる効果があります。

ほかにもワンルームのメリットとしては、**売却するときに流動性が高い**ので早期に現金化しやすいこと、複数の物件を持っていれば相続のときに分割しやすいことなどが挙げられます。

◆東京中古ワンルームに対する反論に答える

でも……と、反論も聞こえてきそうです。

東京というけれど、東京は不動産価格が高いのではないか。東京近郊のほうが安く購入できるのではないか。

ごもっともです。しかし立地にもよりますが、東京は物件数が多いので価格競争もあり、手頃な物件はまだまだあります。

東京近郊では都心へのアクセスが便利な場所が限られてしまい、そこだけ需要が高いことから東京の物件と同じような価格になっています。アクセスの悪いところになると、価格も下がりますが賃料相場も低くなり、空室リスクも考えると物件として優れているとはいえません。

中古は建物劣化により修繕費がかさむのではないかという反論もあります。

たしかに鉄骨パネル張りのアパートだったら築10年ほどで劣化してしまうかもしれません。しかし鉄骨コンクリートのマンションだったら、適切なメンテナンスを施していれば20年以上たっても大きな劣化はありません。十数年に一度は外壁などの大規模修繕工事を行いますし、給排水管の清掃も数年おきに行われています。入居者が退去した際には、内装のリニューアルも行われています。

ほとんどのマンションでは修繕積立金が毎月積み立てられているので、それを使って修繕が行われます。よほど予算が足りない限り、修繕費用を一時金として出すことはありません。

これをしっかりやるには、マンション管理組合の適切な運営がカギになります。

なお、**中古は資産価格も下がりにくい**のが特徴です。私の例ですが、930万円で購入した物件を13年後に売却したら、1120万円の値がつきました。築年数は増えているのに、資産価値が下がるどころか上がったのには驚きました。

もちろん地価の上昇によるところが大きいと思いますが、東京であれば地価の下落はあまり心配しなくてすみそうです。

◆東京中古ワンルームがサラリーマンに適している理由

東京中古ワンルームへの投資は他の不動産投資に比べてサラリーマンに適しています。その理由は次ページ図のように主に5つあります。

理由その1

▼少ない自己資金でも始められる

東京中古ワンルームがサラリーマンに適している５つの理由

理由その１　少ない自己資金でも始められる

理由その２　空室リスクが低く、分散できる

理由その３　現金化しやすい

理由その４　相続のときに遺産分割しやすい

理由その５　管理に手がかからない

都内の中古ワンルームであれば、購入価格は1000万円前後ですが、**頭金として5％程度、購入諸費用を入れても100万円ほどの自己資金があれば始められます。**新築や1棟ものに比べてサラリーマンでも手が届く金額です。残りはローンを組みますが、数千万円、1億円超えといった多額の借金ではないので負担は大きくありません。

利息を含めたローンの返済は家賃収入でまかなわれるので、空室にならない限り自己資金を取り崩す必要はありません。

理由その2

▼空室リスクが低く、分散できる

心配なのは空室リスクですが、**東京23区内**

のアクセスのよい立地を選べば、ワンルーム需要はありますので、入居者が退去してもすぐに埋まります。また複数の地区にワンルームを持っていれば、1戸が空室になったとしても他の物件の家賃収入があるのでゼロになることはありません。

これがアパート1棟だと、近くの大学や企業が移転・撤退すると一気に空室が発生してしまうリスクがあります。またワンルームの場合、複数戸を所有していれば、立地が分散されていることで地震や火災に対するリスクも減ります。

理由その3

▼現金化しやすい

現金が必要になったときは、**ワンルームであれば購入希望者は多いので、売却も比較的容易にできます**。今（2023年）はマンション相場も上がってきているので、売却益を出すことも可能です。

ただし、私は売買によるキャピタルゲインはねらっておらず、長く保有してインカムゲインを得るつもりなので、よほどのことがない限り売却することはないでしょう。

理由その4

▼相続のときに遺産分割しやすい

いずれ自分が死んだとき、**複数のワンルームなら相続人である家族が遺産分割しやすい**というのも利点です。残ったローンについては団体信用生命保険がついているので、それで完済でき家族に負債を残すこともありません。家族はそのまま家賃を受け取ることができますし、賃貸なんて面倒くさくてやりたくないのであれば売ってしまえばいいだけです。

また賃貸用マンションは課税評価額が低く設定されるため、相続税の圧縮にもなります。

理由その5

▼管理に手がかからない

大家さんというと、自分で建物管理をしたり入居者募集をしたりしなければならない印象がありますが、**ワンルームマンションなら所有してしまえばほとんど手がかからない**のも特徴です。ふだんは毎月の入金を確認するだけですし、契約更新や修繕、入居者募集などの管理は管理会社に委託すれば責任を持ってやってくれます。ですから、会社の仕事に支障をきたすこともありません。

このように、都内の中古ワンルームは、新築物件やアパート1棟ものなどに比べてサラリーマンに向いているといえます。不動産投資は、投資する対象を選べば巷でいわれているほど危険な投資ではなく、むしろ堅実な投資なのです。

ここからは、具体的にどのように投資をしていったらいいのかを、私の経験から述べていきます。

5 こうして始めた私の東京中古ワンルーム投資

私も最初はどこから始めたらいいのかわかりませんでした。不動産投資といっても、アパート経営もありますし、マンションでも1棟経営と区分賃貸があります。区分賃貸とはマンションの1部屋を購入し賃貸するものです。

本を読んだりセミナーに参加したりして見えてきたのは、区分賃貸なら1棟ものに比べて購入費用や維持管理費用が少なくすむので、とっつきやすそうということでした。

◆不動産フェアで会った人

そんな折り、不動産フェアというものが開催されると聞き、行ってみました。これは不動産情報サービス会社が主催し、不動産会社が多数出展して情報発信をするイベントです。プログラムには著名投資家の講演や専門家のセミナーなどがあり、聴くことができます。

その一つに、東京中古ワンルームの賃貸管理を主な事業として行なっている会社の社長の講演がありました。この社長は本を何冊も出されており、私も2冊ほど読んでいました。内容はある程度わかっていたのですが、実際の話を聞いて、

「これなら私にもできるかもしれない」

と興味を持ったのです。

講演が終わって出展社ブースを回っていると、その会社のブースがあったので入って資料を眺めていました。すると年配の社員の方が寄ってきて、いろいろと説明してくれ、質問にも答えてくれました。

それが私にとって大きな出会いとなった人、株式会社日本財託の田島浩作氏でした。当時は営業部長だったと思うのですが、最後に名刺を差し出し、

「近々弊社のセミナーがあるのですが、来られてはいかがですか」

と誘ってくれたのです。

田島さんは、自分からしゃべるよりまずこちらの話を聞いてくれて、よい印象を持ちまし

た。いきなりセールストークされることもなかったので安心感があり、セミナーに行ってみようかという気持ちになりました。

後日セミナーに参加してみると、多くの参加者が来ていました。みなさん一見して普通の方ばかりです。

田島さんもいて、挨拶しセミナーのあとに詳しい話を聞かせてもらいました。売り出し中の物件もいくつか展示されていて、初めてならどの物件を選ぶべきか、どんな準備が必要かといったことを教えてもらいました。

その頃には、一つ購入してみることを決めていました。1000万円を切る物件で、もし失敗したとしてもリカバリーできる範囲だと思ったのです。

150万円を自己資金、残りをローンで資金手当てしました。それまで多額のローンは組んだことがなく、借入れ申込書にサインするときに緊張したことを今でも覚えています。

6 よい借金は積極的に活用すべし

ここでみなさんが不安を覚える借金についてお話ししましょう。

私自身、借金などしていいのだろうか？　ちゃんと返済できるだろうか？　金利負担に耐えられるだろうか、と自問自答しました。

しかし実際にやってみると、そんな無謀なものではありません。ローンは会社と提携している大手ノンバンクが貸してくれます。**サラリーマンが有利なのは、50歳で役職についていて勤続年数も長ければ、信用力が高く審査に通りやすい**ことです。

ローンを組むと毎月、約定返済が始まります。ですが、購入したワンルームには入居者がいて家賃が入ってくるため、その家賃から支払うことができます。金利も同じです。まだ低金利時代が続いているので、よほど多額の借金を背負わない限り大きな負担にはなりません。

家賃から返済金と金利、それに管理費を引いた残りが手取りのキャッシュになります。そのため、手持ちの資金が流出することはなく手取りのキャッシュが積み上がっていくのです。

◆レバレッジを効かせ、借金が収益を生む状態に

最初の1戸のケースでは、ローンを組むことによってレバレッジを効かせ、自己資金150万円でワンルームを手に入れて家賃収入を生み出したわけですから、全額自己資金に比べて投資回収期間が短く効率的です。

ローンを活用すれば、複数の物件を持つことも可能になります。全額自己資金でまかなうとすると、1000万円の物件では1000万円を用意しなければなりません。これでは何戸も買えませんし、資金を貯めるのも容易ではありません。一方、同じ条件でローンを組めば300万円で2戸が買えることになります。これならむずかしい話ではありません。

このように**収益を生み出すローンはよい借金**といわれます。悪い借金は遊興費などに使って収益を生み出しませんが、よい借金は資産形成を加速させるのです。投資家や資産家は、よい借金を活用して大きく投資してリターンを高めているのは広く知られています。

ただ、よい借金であれ、過度に多額の借金はすべきではないのはいうまでもありません。あくまでも自己資本と債務とのバランスを考えて、ということです。

このことが理解できてから、投資のためのよい借金には抵抗感がなくなりました。

◆どの金融機関から借り入れたらよいか

最初のローンはノンバンクから借りました。その後、繰上げ返済を行い**完済物件が増えてくると、日本政策金融公庫から**借り入れることができました。

日本政策金融公庫は政府全額出資の政府系金融機関です。銀行等から融資を受けにくい中小企業や零細企業、これから起業する人への融資を積極的に行っています。低金利で固定なのが最大の魅力ですが、なんと個人の不動産投資にも融資してくれるのです。

田島さんから、日本政策金融公庫で融資が受けられると聞いたときは条件が厳しいだろうなと思っていましたが、取扱い支店での手続きには田島さんが立ち会ってくれ、審査を受けるための説明と書類提出をすませました。

初めてだったので緊張しましたが、担当者がていねいに説明してくれ、1時間ほどで受け付けは終了。事業計画書の提出も不要でした。日本政策金融公庫に融資を申し込んだときにはローンを完済したワンルームマンションが３戸あったので、これを抵当にして融資を受けました。**55歳以上で事業開始後7年以内が要件の新企業育成貸付制度を使って、１・５５％の固定金利で借りる**ことができました。ちょうど政府の金融政策を受けて、日本政策金融公庫も融資に積極的な時期だったということも幸いしました。

そのとき私は56歳だったのですが、今思えば田島さんが私の年齢と事業歴を考慮して日本政策金融公庫に前もって話をしてくれたのでしょう、いちばんいいタイミングで融資を受けることができました。**60歳になると返済期間も短くなり、融資額も購入価格の半分程度しか出ないなど、好条件での融資は受けられなくなります。**

もう少し早く不動産投資を始めていれば、もっと活用できたかもしれませんが、３戸だけでも日本政策金融公庫の融資を受けられたことはラッキーでした。

◆法人設立以後も、日本政策金融公庫から融資を受ける

法人を設立してからの購入でも、日本政策金融公庫の融資を受けることができました。通

常、日本政策金融公庫は設立2年目の会社には貸してくれませんが、個人事業主としてすでに3戸を融資を受けて購入し、返済も滞りないという実績から融資が決まったそうです。やはり信用がモノをいいます。

なお、法人の代表は妻だったので、妻が手続きに出向きましたが、このときも田島さんが立ち会ってくれました。こういうことには不慣れな妻でも、無事に手続きがすみました。

後日、資金融資が決定したと連絡があり、送られてきた借用証書や抵当権設定契約証書などの書類に署名・押印して提出し、固定で0・83％の低金利で借りることができました。

このように、借金するにしても最適なやり方を選ぶことで金利をコントロールし、リスクを減らすことができます。**よい借金は活用すべき**なのです。

融資を受けて物件を購入し、最初の家賃収入が口座に振り込まれたときは、やはりうれしいものでした。何もしなくても不労所得が発生するのを実感した瞬間でした。

7 複数のワンルームで空室リスクを減らす

成功体験を1回味わうと、恐怖が薄らぎ自信が湧いてきます。そこで同じ年に2戸目を購入しました。

1戸目の売買を通じて田島さんと懇意になり、それからは田島さんがセレクトした物件を直接紹介してくれるようになりました。

1戸目より高い物件でしたが、立地もよく賃料も高めです。

東京の物件といっても、立地によって違いはあります。人気の沿線で駅から徒歩10分以内だと、空室になってもすぐに埋まります。

物件探しは立地がすべてだといっても過言ではありません。その後購入した物件も、立地を第一に考えました。

◆空室リスクを抑えるのは立地！

立地第一を実証するような〝事件〟が起きました。入居者の退去による空室です。

1戸目が契約満了で空室になり、募集をかけているところへ、追い打ちをかけるように別の知らせが……。なんと、2戸目でも入居からわずか半年で中途解約し、退居するとのこと。さすがに青くなりました。

これが、空室リスクというものか……。退居日から2カ月経過後には、家賃相場の80％は管理会社が保証してくれることになっているので、まったく収入がなくなるわけではないものの、やはり落ち着かない気分になります。

「困ったな。まいったな」と思っていたところ、1週間くらいして、

「次の入居者が決まりました！」

と、管理会社から連絡が入りました。

入居者が退去すると、次の入居者募集の前に内装の更新工事をする必要があるので、どうしても1週間程度の空室期間は発生します。その間に次の入居者が決まってくれれば、いう

ことはありません。

続けてもう1戸も入居者が決まり、空室期間は心配したより短くてすみ、心配は杞憂に終わりました。

アクセスのよい立地であれば、空室が出てもすぐに次の入居者が決まるので、空室リスクは抑えられるということを、この件で実感しました。

実際、その後も何度か空室は経験しましたが、**早ければ1週間、長くても1カ月半程度で空室は解消しています。**

◆物件を多く持つほど、リスクは減る

もう一つ感じたのは、**物件は多く持っていたほうが空室リスクは減る**ということです。

たとえば1戸のみの所有であれば、その1戸が空室になってしまうと家賃収入がなくなります。ところが、2戸であればもう1戸が残っています。3戸であれば、2戸空室になってもまだ1戸がある。多ければ多いほど安心感は増すわけです。

それに1戸しか持っていない場合は、空室期間が長引くと、あせって賃料を下げてしまう

ことにもなりかねません。しかし、複数のワンルームを所有していれば、あせらずに現行賃料でじっくりと待つことができます。

空室リスクに直面したのを機に、そんなことを考えるようになりました。

空室リスク軽減の結論は、できるだけ戸数を増やすことでした。先ほど述べたように、3戸持っていれば、さすがに3戸同時に空室になることはありません。最悪2戸が空室になったとしても、残り1戸の収益が途切れることはないのです。

その間に次の入居者が見つかれば、影響は少なくてすみます。

もし所有しているのが4戸とか5戸だったら、もっとリスクは少なくなるでしょう。

私は2戸を購入した経験から、さらに増やしていくことにためらいはありませんでした。翌年には2戸、3年目には1戸を購入し、全部で5戸になっていました。その間、幸いなことに空室はなく、入居者も更新を続けてくれたので安定した収益が出せました。

ちなみにワンルームの家賃相場は6万円から9万円くらいです。5戸あれば30万円以上の賃料が入ってきます。

もちろんローン返済と諸費用を差し引いた手取りは少なくなりますが、毎月一定のお金が口座に振り込まれてくるのは安心感があります。

◆所有するほどに愛着が湧いてくる

また、戸数を増やしていくと面白いことが起こります。

マンションの名前は一般に、マンションのシリーズ名プラス地名でつけられています。マンションのシリーズ名は大抵ブランドイメージを高めるためにおしゃれな外国語を使っています。これは私にとって子どもの名前みたいなもので、**所有するとどんどん愛着がわいてくる**のです。

不思議なのですが、購入を見送った物件は名前を聞いたときに気乗りがしなかったのも事実です。

ちなみに購入物件を地名で見てみましょう（次ページ図参照）。

場所が**人気エリアを選びながらも分散している**ことがおわかりいただけると思います。

なお、最初に購入した西落合はのちに売却し、奥沢の物件に買い替えました。西落合は最

私の購入した16戸の中古ワンルームの所在地

（2023年12月現在）

初の物件でもあり管理組合の役員にもなっていたので愛着はありましたが、少し駅から遠かったのと賃料が下落傾向にあるのがネックでした。一方、奥沢は駅から徒歩1分と至近で、田園調布駅の一つ隣でありながら、駅前の再開発が見込める場所です。

西落合の物件は購入時に築15年で、売却時には築27年になっていましたが、売却価格は購入価格を100万円超上回り、その間に建物の減価償却も進んでいますから売却益は200万円超になりました。これだけ古くなっても資産価値が下がるどころか上がるのは驚きでした。

ただし、これはあくまで買い替えによる売却のケースであり、基本的には売却することは考えていません。

◆物件を実際に見に行くことは、ほとんどない

物件の購入に関しての注意点は以下のとおりです。これからワンルームマンション投資を考えている人は驚かれるかもしれませんが、私は**購入を決めるとき、実際の物件はほとんど見ていません。**

よい物件は即断即決しないと、別の人に買われてしまいチャンスを逃してしまいます。

「次の週末に現地を確認してから決めます」

とはいえないのです。私は東京でも郊外に住んでおり、会社も23区から離れていましたから、会社帰りにちょっと見ていこうというようなこともできません。

頼りにするのは**説明用資料と重要事項説明書くらい。これを見れば物件の概要や利回りは確認できる**ので、特に支障はありません。周辺図を見れば、駅からの経路とか近くにコンビニがあるとかもわかりますし、グーグルのストリートビューを見れば外観や周りの様子もだいたいわかります。

そもそも入居者がいれば室内に入ることはできませんし、マンション管理会社の立ち合いがなければエントランスに入ることすらできません。ですので、現地に行ったとしても外観や周辺を見るくらい。専門家でない自分が見てもそれほど多くの情報は得られないのです。

実際には購入したあとで現地を見に行きました。駅からの経路や時間、周辺の施設など、現地に行かなければわからない情報もあります。街の散策も兼ねて、時間ができたときに行くことにしています。

実際に行ってみると、地図で確認したはずなのに道に迷ってしまったり、なかなか予想どおりにはいかないものです。

確認するのは、近くにコンビニやスーパーがあるかどうか。これによって便利さがずいぶん違います。あと、**近くにあったほうがいいのは、警察署か交番。**女性の入居者には安心感があります。また、**おしゃれなカフェやレストランがあったりすると、うれしい**ですね。

駅前や街全体の雰囲気も、よい場所はなんとなく活気があり清潔な感じがします。要は、**自分が入居者だとして住みたいと思えるかどうか。それが感じられたら、まあいい物件**だったということです。

田島さんが紹介してくれた物件は、それだけで購入を決めてもなんら問題はありませんでした。田島さんからの電話でマンション名を聞き、ネットで調べて10分後には購入を決めたこともあります。それでもハズレだったと思ったことは一度もありません。これは田島さんが顧客のニーズや要望をくみ取り、それに合った物件を紹介してくれたからだろうと思っています。

ずいぶんあとになってから、田島さんがこの業界ではレジェンド的存在であることを知り、納得がいったものです。

8 繰上げ返済で手取りを増やす

空室リスクの軽減の次に考えたのは、手取りを増やすことでした。たとえば3戸のうち1戸を繰上げ返済してローンなしにすれば、返済した1戸の賃料は諸費用しか差し引かれず、大部分が手取りになります。

それに**繰上げ返済することで借入金と利息の支払いが減るとともに、負債比率が減少するので、金利上昇リスクも下がります。**

また、ローンなしの物件ができますから、**次にローンを組むときに担保**にすることができます。

問題は、返済資金をどこから捻出するかです。

◆繰上げ返済の資金をぐんぐん増やす〝ハイブリッド繰上げ術〟

返済資金の捻出でまず考えられるのは、入ってきた賃料を使わずに貯めておき、ある程度貯まったところでこまめに繰上げ返済していく方法です。

せっかく家賃収入が得られたのに、なぜ使わずに繰上げ返済に充てなければいけないのかと思われるかもしれません。それは**繰上げ返済は証券投資でいう「再投資による複利効果」が得られるから**です。家賃収入を繰上げ返済に回してローンを減らしていくことで、資産形成を加速化していけるのです。

より早くローンを完済すれば、管理費を除く家賃がまるまる手元に残ります。

ただ、家賃収入だけで繰上げ返済すると、数年単位の時間がかかります。たとえば1000万円のワンルームを3戸持っていて、2戸はローンなし、1戸は全額ローンありとします。3戸目のローンを3戸の家賃収益で繰上げ返済していこうと考えると、年間180万円として完済するのに5年以上かかります。

若い人ならこれでもじっくり資産形成を進めていけるのですが、50歳からでは定年までに

3種の資金で繰上げ返済

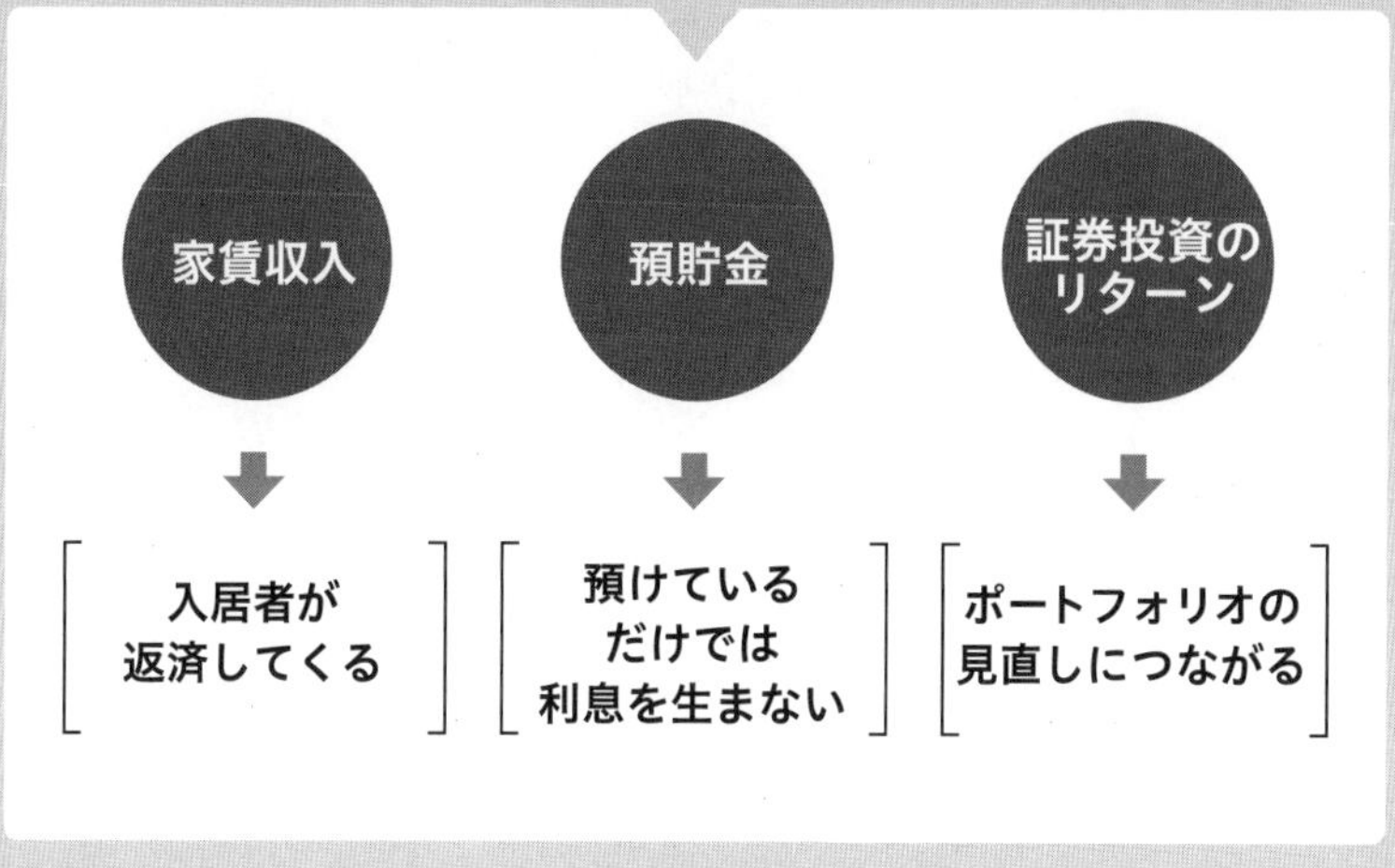

間に合わないと思いました。

　そこで私が考えたのは、家賃収入による返済に加えて２つの方法をとることでした。１つは預けておいても利息をほとんど生まない**銀行預金を返済資金に回す**こと、もう１つは**証券投資で得た資金を繰上げ返済に回す**ことです。

　本章の２項で延べましたが、サラリーマンでも50歳近くになれば、ある程度の預貯金があることでしょう。その**預貯金は大事に持っていても、この低金利では利息を生み出すことができません**。それどころかインフレが進めば価値はどんどん目減りしていきます。

　それならば繰上げ返済に回したほうがずっといいわけです。

また、証券投資で得たリターンを不動産投資に振り向けることで、**ポートフォリオの見直しによる資産の分散化を図ることができます。**

私の場合は、そのタイミングがアベノミクスにより株高の流れになり、それまで塩漬けだった保有株式が含み益に転じたことが幸いしました。それを機に、株式を売却し資金を繰上げ返済に回すことで、資産を不動産にシフトしていきました。

以前読んだ本によると、不動産投資と証券投資を掛け合わせた投資方法をハイブリッド投資術と名づけていましたが、バランスよく運用できればこれはなかなかいい方法に思えます。

これに預貯金の余裕分も加えて、繰上げ返済資金を用意しました。

その結果、1戸目は、購入してから1年ちょっとで繰上げ返済できました。2戸目は購入価格が高い物件だったのであと回しにしましたが、5戸目を購入した直後に3戸目を繰上げ返済、6戸目を購入した直後に4戸目を繰上げ返済するというような感じで、購入と繰上げ返済を繰り返していきました。

家賃収入、預貯金、証券投資のリターン、この3つのお金を使って繰上げ返済を進め、戸数を増やしていったのです。

ポイントをまとめると、**最初はローンで数戸を購入し、3年ぐらいしたら繰上げ返済を進**

私の不動産購入実績（2010年4月～2022年4月）

購入順	購入時期	所在地	築年月	広さ（㎡）	備考
1	2010年4月	新宿区	1995年3月	16.20	2022年3月売却
2	2010年5月	中央区	2004年2月	23.86	
3	2011年5月	世田谷区	1990年9月	16.49	
4	2011年10月	目黒区	2001年9月	20.01	
5	2012年9月	新宿区	1997年6月	17.92	
6	2013年6月	品川区	2004年3月	22.21	
7	2013年9月	中央区	2002年7月	20.02	
8	2013年12月	中野区	2004年7月	21.12	
9	2014年2月	川崎市	1987年12月	16.50	
10	2014年4月	目黒区	1985年4月	23.22	
11	2016年7月	台東区	1994年2月	17.71	
12	2016年8月	大田区	1988年12月	18.00	
13	2016年10月	大田区	1997年4月	18.13	
14	2017年3月	墨田区	2007年9月	20.59	
15	2017年5月	中野区	2009年3月	20.68	
16	2019年12月	大田区	1992年3月	18.20	法人で購入
17	2022年4月	世田谷区	1983年12月	13.47	

めてローンなしの物件をつくる。そこから得た収益を他の資金とあわせて、次にローンで購入した物件の繰上げ返済に充てていく。その繰り返しのサイクルが回り始めると、驚くほど早く資産形成が進みます。

そのペースを60歳になるまで続けていきました。結果、現在の個人での所有戸数は15戸、法人での所有戸数は1戸になりました。年間家賃収入は１４００万円、ローン返済と諸費用を差し引いても７００万円は手取りで残ります（２０２３年12月現在）。

７００万円といったら、平均的なサラリーマンの年収より多いでしょう。それが不労所得として入ってくるのです。

これが複数の戸数を持つことと、繰上げ返済の威力だと思います。

◆ローン完済後の手続きも忘れずに！

繰上げ完済し自己所有になると、銀行からの信用も得て、それを抵当にして融資を得ることができますから、ますます資産形成が加速していきます。

ちなみに、ローンを完済すると銀行から完済書類一式が送られてきます。内容は、

・抵当権設定契約証書
・登記識別情報通知
・銀行の押印のある委任状
・金銭消費貸借契約の解除証書

これらが、ローン完済した証です。ローンは完済しても、まだ抵当権は残っていますので、抵当権解除の手続きを行います。

自分でやる人もいますが、私は**司法書士に手続きを依頼**しています。司法書士から送られてきた登記の委任状に住所・氏名を記入し実印を押し、銀行から送られてきた書類一式に運転免許証のコピーをつけて返送します。

費用は、抵当権抹消の手数料として2万円ほど。この金額を司法書士に振り込めば、あとは手続きを代行してくれます。2週間ほどで抵当権抹消ができるはずです。これで抵当権設定のない所有物件になるので、次の不動産投資の担保に使うことができます。

現在では**16戸のうち12戸を繰上げ返済し、負債比率（ワンルーム資産総額のうち負債の割合）は3割を切っています**。ここまでくると、金利が上昇しても怖くありません。それに、ローンに付随して団体信用生命保険（団信）に加入しているので、生命保険代わりにもなりますから、これ以上無理に繰上げ返済する必要はないのです。

団信とは、住宅ローンの返済中に万が一のことがあった場合、保険金により残りのローンが弁済される保障制度です。団信に加入していれば、万が一のときに、生命保険会社から支払われる保険金によってローンの残債務が弁済され、残された家族にローンのないワンルームを残すことができます。

このメリットを享受したいこともあり、4戸についてはあえて繰上げ返済せずローンを残しています。

9 50歳から始めても不可能ではない！私の不動産投資履歴

ここで私の50歳からの不動産投資履歴を次ページにまとめてみます。これを見れば、私がどのように資産を増やしてきたのかおわかりいただけると思います。

「そりゃあ出世したのだから、資金もたっぷりあって苦労はないじゃないか」

そう思われる方がいるかもしれません。しかし、50歳のときにはそんなアドバンテージなどなく、出向先で将来について悩みながら、悶々とした日々を送っていたのです。

◆仕事と投資の両輪がうまくかみ合った

そこで始めた自己投資が人生を変えました。自己投資で得た知識や知見を仕事に活かして

投資履歴（50歳～66歳）

2016年（59歳）	・マンションワンルーム3戸を購入し、所有戸数は13戸に ・1戸を繰上げ返済しローンのないワンルームは6戸に ・余裕ができたので自宅を建て替える
2017年（60歳）	・取締役に昇進 ・マンションワンルーム2戸を購入し、所有戸数は15戸に ・1戸を繰上げ返済し、ローンのないワンルームは7戸に
2018年（61歳）	・2戸を繰上げ返済し、ローンのないワンルームは9戸に ・個人で所有するマンションワンルームを賃貸管理する会社を設立する
2019年（62歳）	・法人でマンションワンルーム1戸を購入、個人と合わせると所有戸数は16戸に
2020年（63歳）	・仕事が多忙を極め、不動産投資関係の動きなし ・不眠症からうつになり、人生最大の危機に立つ
2021年（64歳）	・任期途中で退任し会社をリタイア ・2戸を繰上げ返済し、ローンのないワンルームは11戸に ・日経平均株価が30年ぶりに3万円台を回復
2022年（65歳）	・1戸を繰上げ返済し、ローンのないワンルームは12戸に ・物件の入れ替えで1戸を売却し1戸を購入、所有戸数は変わらず
2023年（66歳）	・日経平均株価が再び3万円台に上昇、10年前に比べて倍以上の株価に

私の不動産

2007年（50歳）	・子会社に出向し3年目となり、会社に依存しない生き方を模索し始める ・本やセミナーで自己投資を開始
2008年（51歳）	・経済自由人を目指し不労所得を得ることを考え始める ・9月にリーマンショック発生
2009年（52歳）	・出向から戻り部長になり、証券投資を本格化し順調に運用益を得る ・不動産投資に興味を持ち、情報を集め始める
2010年（53歳）	・不動産投資を開始し、マンションワンルームを2戸購入
2011年（54歳）	・マンションワンルームを2戸購入し所有戸数は4戸に ・3月に東日本大震災発生。証券投資で損失を出し、保有株式も塩漬け状態に ・1戸を繰上げ返済しローンのないワンルームをつくる
2012年（55歳）	・マンションワンルームを1戸購入し所有戸数は5戸に ・税務署に個人事業主の開業届を提出
2013年（56歳）	・理事に昇任。退職金をもとにマンションワンルーム3戸を購入し所有戸数は8戸に ・アベノミクスで株価が回復し始め、2戸を繰上げ返済し、ローンのないワンルームは3戸に
2014年（57歳）	・マンションワンルーム2戸を購入し所有戸数は10戸に ・1戸を繰上げ返済し、ローンのないワンルームは4戸に
2015年（58歳）	・マンションワンルームの購入はせず、1戸を繰上げ返済、ローンのないワンルームは5戸に ・日経平均株価が15年ぶりに2万円台に回復し、所有株式も含み益に転換

いたら、当時の社長や役員の目にとまり、道が開けたのです。一方でそれに安住せず、不労所得を得るための試みが資産形成を加速させました。仕事と投資の両輪がうまくかみ合ったといってもよいでしょう。

運に恵まれた面もあります。投資を始めたのがリーマンショック後で、相場が下がっているときに安く買って、その後の回復軌道に乗ることができました。マンション価格もその頃は今と比べて安く買えました。

病気で退職というネガティブなこともありましたが、そのために2年早く自由なセカンドライフに入れたのですから、あながちマイナスとはいえません。

強調したいのは、私が特別なケースではなく、**誰でも不労所得を得て人生を明るいものにしようと決意し行動に起こせば、50歳から始めても決して不可能ではない**ということです。もっと若い人であれば、なおさら成功する確率は高いでしょう。

自分の胸に手を当てて、本当にやってみたいと思っているのであれば、迷わず行動に移してほしいと思います。

10 これも〝引き寄せ〟効果!? 不動産投資こぼれ話あれこれ

ここまで順調に不動産投資で資産形成ができたのは、田島さんから紹介された物件がどれも優良物件で、空室もほとんどなく満室に近い状態だったからではないかと思います。

マンションワンルームの賃貸で発生する問題といえば、ときどきエアコンやコンロ、洗濯機などが古くなって故障し、修繕や更新が発生するくらいです。中古物件を購入するのですから、そうした設備機器も古くなっているのでしかたありません。**修理・更新費用は高くても20万～30万円くらいなので、管理会社である日本財託から家賃を振り込んでもらうときに相殺します。**1回でもよく、複数月に分割して相殺することも可能です。

◆戸数が多くても、賃貸管理会社を絞ったほうがラク

設備の修繕や更新以外に大きな問題といえば、家賃の3カ月滞納があったことと、退去者のゴミ放置くらいです。そういった問題も入居者との連絡や手配は日本財託がやってくれますから、自分で動く必要はありませんでした。

滞納家賃は保証会社が支払ってくれましたし、さらに滞納が続いた場合には訴訟の準備もしてくれたので安心できました。

ゴミ放置も撤去費用は退去者に請求してもらい、回収することができました。

私はすべての物件の賃貸管理を日本財託に依頼しています。オーナー仲間の話では、物件ごとに賃貸管理会社が違っていると、連絡も別々にとらなければならず、オーナーページにログインするにもそれぞれログインIDやパスワードを入力する必要があるので、その管理が面倒だそうです。その点、一つの賃貸管理会社にまとめておけば連絡やアクセスが1回ですむので便利です。すべての物件が同じレベルで管理できるのも利点です。

◆妻の協力も大きな糧に

不動産投資をスムーズに進めることができたのは、私の場合、妻の協力が大きかったと思います。他のオーナーの話を聞くと、奥さんが不動産投資に理解がなく、隠れてやっているという例もあるそうですが、私の**妻はむしろ私より積極的で、一緒に不動産投資フェアやセミナーに行ったり、購入するときの相談に乗ってくれたり、家計をやりくりしながら資金繰りに協力**してくれました。また、設立した法人の代表にもなってもらいました。

田島さんとは我々夫婦と何度か食事をご一緒しました。田島さんは健啖家でお酒にも強く（最近は健康のために以前より控えられているようですが）、新宿界隈の焼肉やお寿司、ホテルブッフェなど、美味しいレストランに連れて行ってもらいました。また、別のオーナーさんも誘ってひいきの中華料理店に連れて行ってくれたこともあります。

田島さんは独自のワンルームマンション投資法を、「丁字戦法」といっていますが、これは日露戦争で東郷司令長官率いる日本の連合艦隊がロシアのバルチック艦隊を撃破したときに採った戦法で、向かってくる敵艦に対し前を横切るように進路を変えることで、複数の艦が主砲だけでなく側面の砲も使って先頭の敵艦に集中砲火を与え、次々と撃破した戦法のことです。

複数のローンなしワンルームの家賃収入で、ローンのあるワンルームの繰上げ返済を行なっていく投資法になぞらえたのは言い得て妙だと感心しましたが、それに限らずとても軍事ネタに詳しいのです。

たまたま私の勤めていた会社が戦前・戦時中に軍用機を製作していたことを知っていて、「あの飛行機は真珠湾攻撃の時に活躍した機体で……」などとかなり詳しく話されるので、私もうれしくなり話が盛り上がったこともありました。

◆仕事のほうでも思わぬ出世。余裕資金を繰上げ返済に回す

もう一つ、不動産投資を始めてから、面白い現象がありました。皮肉なことに、会社に依存しないことを目的に始めたのに、仕事のほうでも運が向いてきました。出向して4年目に呼び戻され部長に昇格。4年後には理事に就任、さらにその4年後には取締役になっていました。年収も1000万円を超え、理事になったときにそれまでの退職金も出ましたから、

余裕資金を繰上げ返済に充てることができたのです。

これは私だけでなく、不動産投資で、ある程度の収入を得るようになったサラリーマンによくある現象だそうです。

不動産投資や資産形成のセミナーやコンサルティングを行なっている方がインタビュー記事で述べていたのですが、それによると、

「**不動産収入を得てお金に余裕ができると、本業であるはずのサラリーマンがむしろ副業になる。**中には給料の何倍も不動産収入で稼いでいる人もいる。そうなると会社に執着しないから、出世する必要もなくなる。サラリーマンとしていいところだけをうまく使って、上司の顔色を必要以上に伺うこともなく、リラックスして悠々と働くことができる。すると、むしろ出世してしまう人も多い。上司に忖度する必要もなく、クビになっても収入はあるので平気と思う心の余裕から、**間違ったことにはノーとはっきり言えるようになり、それが周りからの評価につながっているの**かもしれない」

これを読んで、そんなものかもしれないと思いました。

不動産投資を始めて変わったことは、やはり心の余裕です。最悪クビになったとしてもなんとかやっていけると思うから、仕事でもかえって失敗を恐れずチャレンジできる。それが

成果を生み、積極的な姿勢が評価されることになるのかもしれません。

しかも、不動産投資は時間を取られることがなく、物件を購入してしまえば、あとは管理会社に家賃の回収から入退去の手配まで任せておくことができます。時間が取られるのは毎月の入金確認と会計ソフトへの入力ですが、掛けるのは月に数時間程度です。

あとは、せいぜい確定申告に週末の何日かを使うくらい。だから会社の仕事にもまったく影響は及ぼさず、残業代も無理に稼がなくてもいいから早く帰宅できる。余った自由時間を勉強や読書などの自己投資に振り向ければ、それがまた仕事に役立ち評価される。

まさに好循環になっていくのです。

最初は給料が減ってもカバーできるように始めた不動産投資ですが、それによって給料も上がっていくのはちょっと不思議な現象でした。

11 投資家はリアリスト

マンションワンルーム投資の話をすると、よく「宝くじに当たったたら考えるよ」という人がいますが、そういう人は投資には向いていません。とてつもなく還元率の低いものをアテにすることが、そもそも投資マインドではないからです。

投資は投機ともギャンブルとも違います。あたるかどうかわからないことに賭けるよりも、1年後に確実にお金になることを考える。それが投資マインドです。

◆リアリストはバランス感覚も大事にする

世の中には、「ロマンチストとリアリストという2種類の人がいる」と考えています。

不確かな将来を期待するのがロマンチストだとすれば、確かな未来を切り開いていくのがリアリスト。一攫千金を夢見るのがロマンチストだとすれば、コツコツ資産を増やしていこうと考えるのがリアリスト。運と偶然に頼ろうとするのがロマンチストだとすれば、実力をつけ計画的に進めようとするのがリアリスト。

国や会社が面倒を見てくれるだろうと考えるのがロマンチストだとすれば、国や会社に全面的に頼ってはいけないと考えるのがリアリスト。

少し乱暴な分け方をすれば、そんなふうになりそうです。その意味から、**「不動産投資をするにはまずリアリストであるべきだ」**というのが私の考えです。

私自身、不動産投資をする前は宝くじも買い、競馬もやっていました。しかし、不動産投資を始めてからはいっさいやめました。こうしてマインドも変えていくことで、ワンルームの購入と繰上げ返済のサイクルを回していったのです。ときには購入を優先し負債比率が上昇したこともありましたが、自分の中では「ここまでなら行ける」と何度も自問自答し進めていました。

無理な計画は戒めなければいけませんが、**軌道に乗るにはある程度は加速することが必要**です。財務バランスを見極めつつ、投資を進めていこうと考えました。

12 あなたの隣にもいる不動産投資家

不動産投資でお金を稼いでいる人なんて特別と思われている人もいるかもしれません。ですが、私の出会ったオーナーはほとんどがごく普通のサラリーマンや定年退職者、主婦といった人たちです。

職業では不動産投資家には医師や弁護士のようなエリート層が多いというイメージがありますが、そんなことはありません。出会ったオーナーに話を聞いてみると、農業をやっていたり職人だったりということもあります。

共通しているのは、**それまでの生活に問題意識を持っていた**ということでしょう。その一助に不動産投資を始めたのであって、大金持ちになろうとかぜいたくな暮らしをしようとするのが目的ではないのです。

◆不動産投資家は、お金を生まない出費や経費にならない出費に敏感

不動産投資家は生活ぶりも普通で、高級マンションに住みブランド物を身にまとって高級外車を乗り回しているような派手な人にはお目にかかったことはありません。派手ではありませんが、好きなときに旅行に行ったり、美味しいものを食べたりして楽しく過ごす心の余裕があります。

見栄を張らず浪費はしないが、好きなことにはお金を使うのが多くの不動産オーナーのスタイルです。一見普通の暮らしをしているので、ちょっと見ただけでは不動産投資家なのかわかりません。いや、**普通の家庭より倹約をしている**と思います。資産を増やしていくためにはムダな出費を控え、お金を貯めてそれをまた次の投資や繰上げ返済に充てようと思っているからです。

以前、日本財託の重吉社長がセミナーで、「コツコツが勝つコツ」とか、「コップに溜まった水はまだ飲まない。いっぱいになってあふれ出たぶんを飲む」と説明していましたが、まさにそのとおりです。

不動産投資家になると、お金を生まない出費や経費にならない出費に敏感になりますから、自然と支出が減り利益が増えていくのです。

◆不動産投資をしていることを他人に話さない

不動産投資家は自分が不動産投資をしていることを他の人には話しません。だからなおさら気づきにくいのです。

私もこれまで、ご近所さんや会社の人にはいっさい話していませんでした。話してしまえば、やっかみを含めた噂が地域や社内で広まるのがわかっていたからです。

不動産投資をやっていることがやましいことだとは、まったく思っていません。ですが、世間ではまだまだ不動産投資は危ない儲け話のたぐいと思われているところがあり、聞いた一部の人からはよく思われない恐れもあります。そういう意味では、不動産投資は市民権をまだ得られていないのではないかと思っています。

なんとなく気づいていたのは郵便屋さんくらいでしょう。毎日、不動産関係のダイレクトメールが届きますし、固定資産税の納付時期には、所有しているマンションを所轄している都税事務所からいっせいに納税通知書が届きます。

私の場合、16戸を所有していて同じ区に複数所有しているマンションもあるので、10通ほどが郵便受けに押し込まれてきます。この家では何をしているのかと思われているのかもしれません。

ふだん**不動産投資について話す機会がないので、オーナー仲間が集まると盛り上がります**。情報交換したり初めての人と名刺を交換したりと交流を深めるのです。これは不動産投資をしていないとわからない世界かもしれません。

このように、不動産投資家といっても外見は他の人と変わらず目立たないことが多いのです。ミリオネアみたいな生活を想像し、そんな生活に憧れている人にはちょっと期待はずれかもしれません。

でも、それだからこそ誰にでも手の届く世界でもあるのです。

ひょっとしたら、あなたの隣にも不動産投資家がいるかもしれません。

13 始める最高のタイミングは「今」

不動産投資のポイントを次ページ図にまとめます。

私の例は極端かもしれませんが、これとて行動しなかったら手に入れることはできなかったはずです。「老後のお金に不安がある」といっている人はどこにもいますが、では、その不安を解消するために何をしているかというと、倹約したり愚痴をこぼしたりするのが大多数です。

◆リスクと向き合うことでリターンを得られる

繰り返しますが、リスクのないお金の増やし方はありません。**そのリスクと向き合って、**

不動産投資のポイント

- 不動産投資は毎月安定した収入が期待できる
- 50歳から始めてもメリットがある
- 不動産投資のリスクを認識する
- サラリーマンに最適なのは東京中古ワンルーム投資
- よい借金でレバレッジを活かす
- 複数のワンルームでリスクを減らす
- 繰上げ返済で手取りを増やす

どこまでならやれるか見極めながら進んでいくことでリターンが得られるのです。

今やインフレで後生大事に預貯金を抱えているほうがリスクになる時代。それでもふんぎりがつかず、やるかやらないか悩んだまま1年たってしまう人もいます。ですが、その人はすぐやっていれば得られた投資収益を1年分失ってしまったことになります。最も大事な資産は時間であることを忘れてはなりません。**始める最高のタイミングは「今」**なのです。

◆巨人の肩に乗るのが効率的な成功法

何も自分がゼロから始める必要はありません。先人たちが成功したノウハウが本になって出ているので、それを参考に、自分に合ったやり方で進めていけばいいのです。「巨人の肩に乗る」というニュートンの言葉があります。**すでに実行して成功した人のやり方を真似たり参考にしたりして自分もやってみる**。それがいちばん効率的な方法です。

行動すれば不思議なもので、よい情報が手に入ったり、同じ志を持つ人が現れたり、助けてくれる人が出てきたりするものです。この本を読んだ皆さんは、ぜひ読むだけで終わらせず行動に結びつけてほしいと思います。

第4章

マンション管理の妙味を知り、自宅も建て替えた 不動産投資をして実現したこと

1 個人事業主になり、個人事業として開業する

不動産投資を始めて私にどういう変化が起こったか、変化に対応するときの注意点について述べていきます。

◆自分で決めた屋号で、個人事業の開業届を提出

不動産オーナーになると、サラリーマンの給与とは別に家賃収入が入ってくるので、確定申告をする必要があります。サラリーマンは、税金は給与から源泉徴収され年末調整して終わりですが、家賃収入は自分で申告し所得税を納めなければなりません。

面倒だなと思っていたら、日本財託でオーナー向けに確定申告セミナーを開催していると

いうので参加しました。

どんな人たちがオーナーになっているのだろうと興味を持ちながら会場に入ってみると、平均40代くらいの男性が多い。30代くらいの女性も数人いました。

配付された「確定申告書の手引き」をもとに、税理士の先生から2時間にわたって説明を受けました。

資料が初心者にもわかりやすくつくられていて、必要書類もリストアップされていたので、それほど苦労せずにすませることができました。

2〜3年すると慣れてきて、市販の会計ソフトに入力したものを国税庁のホームページにある確定申告書作成画面に直接入力するようになりました。今では提出もe－Taxを使って電子申告しているので、大して手間はかかりません。

記念すべき初年度の不動産収入は2戸で104万円。次の年は4戸になり257万円、3年目には5戸で411万円、4年目には8戸で564万円、5年目には10戸で913万円、6年目は繰上げ返済を優先し購入はありませんでしたが、フルに賃料が入り977万円、7年目は3戸購入して13戸となり、1030万円と1000万円を超えました。8年目はさらに2戸増えて15戸となり1360万円と、物件数が増えるに従い増えていきました。

ただ、**収入増につれ課税所得も増え、所得税も上がっていったので、節税を意識しました。**これはまた別の問題で、節税についてはあとで述べます。

3年目に所有物件が**5戸を超えたとき、個人事業の開業届を税務署に提出し、個人事業主**になりました。開業届には自分で決めた屋号を記載します。会社ではありませんが屋号はつけられるので、社名のような名前にし、名刺をつくれば一端のビジネスオーナーです。サラリーマンの肩書とは別に個人事業主の肩書があると、ちょっと誇らしい気分にもなります。

◆個人事業主として節税メリットを享受

また、個人事業主になることで、メリットも享受できます。

サラリーマンでは、所得税は源泉徴収で給料から天引きされます。年末調整で多少は戻ることはあるものの、その他の支出はただ出ていくだけのお金です。

ところが事業主として確定申告すると、使ったお金は事業のための経費として所得から控除でき、そのぶん納付する税金も減ります。たとえば、現地見学のための交通費、勉強のためのセミナー・書籍代、打ち合わせの会食代などは経費で落とせるのです。同じ支払ったお金でも、前者は私的な支出ですが、後者は事業用支出となり、まったく性格が異なるのです（ただし、事業に関する経費のみであって、すべての経費が落とせるわけではありません）。

この経費意識を持つようになると、**お金を使うときには「これは経費になるか」を考えるクセがつきます**。経費にならない支払いはできるだけしないようになるため、ムダづかいが減るというメリットもあります。

個人事業主に限りませんが、寄附金も税額控除になります。私はユニセフ、国連ＷＦＰ、国境なき医師団に寄附をしていますが、確定申告で控除できます。ふるさと納税もしかりで、寄附額のうち２０００円を越える部分について、所得税の還付、住民税の控除が受けられます。また、寄附をした自治体からは寄附金の30％以内の返礼品が受けられるので、やらない手はありません。

このように、**確定申告をすることと個人事業主になることで税金の負担を軽くする**ことができ、気持ちのうえでもビジネスオーナーになったことを実感できるのです。

2 マンションの管理組合役員になる

マンションのワンルームオーナーになると、管理組合から年1回、通常総会の案内が届きます。各マンションには基本的に管理組合があり、区分所有者は自動的にその組合員になるのです。

議案は主に次の4つです。

①事業報告、決算報告
②管理委託契約更新について
③来期の計画と予算について
④役員選出について

管理組合によって議案の順番は前後しますが、これらの議案を総会で審議し承認を受けるわけです。

場合によっては、総会で決議が必要な案件が追加されます。たとえば、大規模修繕や設備の更新、管理費・修繕積立金の改定などです。

総会への参加は「出席し賛成か反対かの議決権を行使する」「出席せず委任状を提出する」「出席しないが、書面の議案説明を読んで賛成か反対か議決権を行使する」の3つの選択肢があります。多くの組合員は、総会には出席せず委任状か議決権行使書を返送してすますことが多いようです。私も最初の数年は、あまり関心もなかったので返送してすませていました。田島さんからは、

「総会に出席してみるとマンション管理のことがわかって、勉強になりますよ」

といわれていたのですが、面倒だなという思いが先に立っていました。

◆総会は重要な案件を決裁できる

ところが、あるとき届いた臨時総会開催通知を見て考えが変わりました。議案は「太陽光発電システム導入に関する件」というもので、読んでみるとマンションの屋上にソーラーパ

ネルを設置するというのです。５００万円近い大きな設備投資ですし、貴重な修繕積立金を取り崩すというので、「これは書面だけでは賛成しかねる。直接総会で確認したい」と考えたのです。

総会に出席してみると、なんと出席者は私のほかには理事長１人だけでした（事務局として建物管理会社の担当者が同席していました）。理事長の提案によるものだというので、業者との癒着があるのではないかと疑いながら質疑をしたのですが、補助金対象であることや、当時最高額だった売電単価が10年間保証されるということで、売電収入が年間60万円ほど見込め、投資回収期間が7年程度に抑えられるという説明を受けました。

説明は納得でき、何より理事長の真摯な人柄に感銘を受け、採決では賛成に回っていました。総会の終わりには「理事をやってほしい」と理事長からの要請を受け、承諾することにしました。

◆管理組合への理解が深まる

理事になってみると、メールでのやりとりや理事会への出席などもあり、だんだんと管理組合への理解が深まっていきました。また日本財託でもマンション管理士で同社顧問の飯田勝啓さんの管理組合セミナーが開催されていたので、参加して知識を深めていきました。

管理組合がしっかりしていないと、適切な修繕や設備投資ができず、マンションの価値が下がってしまいます。**管理組合が自主的に関心を持ち、建物管理会社や設備業者と緊張感のある関係を持つことが大事**だと教えられました。「田島さんの話していたのはこういうことだったんだな」と、合点がいきました。

とは言え、理事長と私だけではまだ力不足です。なんとか役員を増やしたいと、総会に出席してくれた組合員に声を掛けていきました。幸いなことに2名が役員になってくれ、現在は4名体制で管理組合を運営しています。会うたびに親しくなり、総会や理事会のあとに食事をしたりしています。

◆マンション管理のノウハウを学ぶことができ、不動産投資の仲間ができる

役員になることのもう一つのメリットは、**マンション管理のノウハウが学べることと、不動産投資について語り合える仲間ができる**ということです。

役員をしている人は、複数の物件を持っていてマンション管理に詳しい人が多い。管理組合の運営のしかたから修繕や設備工事の相見積りの取り方まで、知識が豊富なので勉強になります。また、そういう人は同じ不動産投資家として、似たような悩みを持っていることも多いものです。

勤めていた会社では不動産投資をしていることは口外していませんでしたから、話題にすることもできません。しかし管理組合ではお互いに困っていることや訊きたいことがあれば情報交換できます。そういった会話をすることが楽しく、他の物件でも総会開催通知が来れば、都合のつく限り積極的に出席するようになりました。

◆いくつもの管理組合で、役員を務める

多くの管理組合では出席者が少なく役員不足に悩まされています。出席すれば役員を引き受けてくれないかと請われることも多く、引き受けているうちに現在では1つの管理組合で理事長、6つの管理組合で理事または監事（業務及び会計の監査役）を務めています。

管理組合により決算期が違うので、平均すると毎月どれかの管理組合で理事会や総会が開

かれていることになります。サラリーマン時代はかけもちが大変でしたが、リタイアしてからは、それが張り合いになり、楽しみになっています。

ちなみに、管理組合によって役員手当がついたり会議出席のための交通費が支払われたりしますが、手当がなくまったくのボランティアの管理組合もあります。時間をとられることも多いので、モチベーション維持のためにも手当支給は必要だと思います。

◆建物管理会社との連携の重要性を知る

また、総会の会場や資料の準備を行う管理組合の事務局は、そのマンションの建物管理会社がやってくれますが、連携が非常に重要です。私の所有する物件でも、中小から大手までさまざまな建物管理会社が管理を委託され業務に携わっていますが、私の経験では品質に大きな差はありません。どの会社もしっかりやっていて、いわゆる悪徳管理会社にあたったことはありません。

差がつくのは、担当者です。**同じ管理会社でも担当者が変わっただけで対応がよくなったり悪くなったりします。**聞くところによると、業務は結構大変で、いくつものマンションを受け持ち業務に追われるうえに、入居者のトラブルや管理組合の注文がうるさいとストレス度は半端ないみたいです。

ただ、実績を積むと、給料アップをねらって他社への転職もあるようで、人材の流動性は高いようです。特に準大手での入れ替えは、競争も激しいことから多いようで、逆に小規模な管理会社だと、ずっと担当が変わらないこともあります。これまでにも、突然、「担当者が退職しました」とか「担当者が交代します」という連絡を受けたことがあります。

数年間担当してもらっていると、気心も知れ管理組合とのコミュニケーションも円滑になるので、退職・交代してしまうと残念な気持ちになります。後任が優秀な担当者なら、管理組合と緊密に連携を取り、要望や依頼にも迅速に応えてくれるのですが、そうでない担当者だとメールをしても返事が遅かったり、すぐに対応してくれなかったりするので、あたりはずれはかなり影響が大きいです。

ただ、優秀な担当者だからといって任せきりにしてしまうと、管理組合によるチェックが疎かになる恐れがあります。状況報告は担当者にしてもらうにしても、役員が理事会で質問し確認することで、適度な緊張関係を保つことが重要です。

◆不動産の運営・管理サービスは、ますます高度化する

これからの不動産の運営・管理サービスには、さらなる高度化が求められると思っています。たんなる施設の保守や清掃、警備だけではなく、住民間の円滑なコミュニケーションを促進する仕組みづくりが必要でしょう。

たとえば、1人暮らしの老人の孤立化や孤独死を防ぐ手立てを考える――。

マンションが災害や治安上でのセフティーゾーンになるようにする――。

そのようなサービスを提供する不動産管理会社が求められていると思いますし、これから伸びていくことでしょう。

3 妻が社長の不動産会社を設立する

区分マンションの所有物件数が10戸を超えると、事業規模と見なされ税務上のメリットが出てきます。いちばん大きいのは、白色申告から**青色申告に変更することで、家賃収入から経費を差し引いた不動産所得から65万円の特別控除を受けることができる**ことです。

ただし、そのためには複式簿記での記帳を行ったうえで、貸借対照表と損益計算書を作成する必要があります。また、作成した帳簿は原則として7年間保管する義務が発生します（これは自分で財務管理をするためにも必要なことですから、問題になるようなことではなく、使い勝手のよい会計ソフトを使って記帳すればいいだけです）。

メリットとしては、妻を専従者にして給与を支払うこともできますが、すでに法人化を考えていたので、税務署に専従者給与の届け出はしたものの実施はしませんでした。

◆税金対策として法人化を検討

法人化を考えたのは、やはり税務上の問題です。毎年、所有物件が増えるにつれ、賃料収入も増えていきました。7年目に1000万円を超えたのですが、すると当然、経費を差し引いた不動産所得も増加し、所得税も高くなります。

マンションワンルームの経費は、家賃収入に比べて伸びが大きくありません。大きなものは建物の減価償却費、借入金の利子、賃貸管理会社・建物管理会社に支払う外注管理費、あとは固定資産税くらいです。物件を購入すると、登記費用や事務手数料、印紙代などがかかりますが、購入しなければそうした経費もかからないので不動産所得は増え、税金も上がっていきます。

それに、**マンションワンルーム賃貸は経費がかからない事業**なのです。自動車も基本使わないですし、会議費・交際費もほとんど使いません。出ていくのは、事務用品や書籍購入・セミナー代、現地視察や管理組合出席のための交通費くらいのものです。パソコンやプリンタ、会計ソフトなども経費で落とせますが、毎年出る経費ではありません。かと言って何でもかんでも経費で落としてしまうと、あとで税務署の調査を受けたときに否認される恐れがあるので注意しなければいけません。

このような事情を背景に、**税金対策として考えたのが法人化**です。最初は個人事業を法人にすることを考えたのですが、所有物件の名義書換などに手間と費用がかかることがわかったため、それはやめて**個人事業とは別に法人を設立**することにしました。

◆個人所有の物件をサブリースして管理する会社を設立

スキームとしては、**所有する物件を管理する会社を設立し、個人所有の物件をその会社にサブリースする方式**です。サブリースというと、賃貸アパートで不動産会社と地主オーナーとの間でトラブルになったという話を聞きますが、今回のものは私個人と自分の法人との契約なのでリスクはありません。

サブリース料は賃料収入より低めに設定してあるので、個人の不動産所得はそのぶん減ることになり、税金も少なくなります。家賃収入は法人に移管されますが、税率は個人の所得税より法人税のほうが低いので、納付額は少なくてすみます。また、役員報酬を支払えばそのぶんは所得から控除され、さらに給与所得控除があるので、節税効果が見込めます。
ただし、法人設立には登記などの費用がかかり、住民税でも、赤字でも7万円程度の均等割の額を納付する必要があります。税理士に帳簿や税務申告を依頼する場合はその費用もかかります。

田島さんに相談し、若手の司法書士を紹介してもらい、設立手続きをお願いしました。司法書士に商号、目的、就任予定役員名、出資金総額、決算月、設立予定日を伝えると、会社設立に必要な書類一式が送られてきました。それに押印し印鑑証明書や身分証のコピーを付け、税務署や都税事務所、市役所、年金事務所の諸官庁に届け出をしました。面倒な書類作成や手続きはみんなやってもらったので、こちらで用意したのは法人の銀行口座開設と出資金の払い込み、法人印の用意ぐらいです。

◆個人・法人の実印をつくる妙味

話が少し脱線しますが、不動産投資を始めてしばらくたってから、新たに個人の実印をつくりました。それまで契約書にはどこにでもあるような印鑑を使っていたのですが、物件の売買契約が増えてくるにつれ、もっと立派な印鑑がほしいと思ったのです。

そこで山梨県に印章彫刻で有名な一級彫刻技能士で伝統工芸士でもある方を訪ね、印鑑作成を依頼しました。通常の印鑑用の書体ではなく、デザイン性の高い書体でつくってくれることになり、1カ月ほどして本象牙の立派な印鑑ができあがりました。

売買契約で初めてその印鑑を使用したとき、

「カッコいい印鑑ですね！」

と、田島さんが気づいてくれてうれしかったのを覚えています。

印鑑で運気が上昇したかどうかはわかりませんが、売買契約やローン契約がスムーズに行かなかったことは1度もありません。法人印をつくるときも、せっかくなのでよいものにしようと、ネットで調べて大阪にいる現代の名工と称される方のところへ出向き、実印と銀行印をつくってもらいました。

◆株式会社より手軽に設立できる合同会社に

会社は株式会社より手軽に設立できる合同会社にしました。出資者は家族のみですし、人を雇い入れて規模拡大をめざすつもりもないので、株式会社に比べて設立費用が安く、決算公告義務や役員の任期がない合同会社で十分だと考えました。

代表社員は妻になってもらいました。当時、私は会社勤めをしていたので、私が代表では差し障りがあるかもしれないと考えたのです。ただ私が退職した今は、その懸念もなくなったので自分が代表社員になっています。妻も肩書だけとはいえ、責任ある立場から外れてほっとしたようです。

会社名はいろいろ考えたのですが、結局妻の名前を逆さ読みしてカタカナ表記にしただけのものになりました。また、前述の司法書士から知り合いの税理士を紹介してもらい、法人の帳簿や税務申告をしてもらうようにしました。

最初は自分でやるつもりでいましたが、法人は個人事業より税務署のチェックが厳しくなるため、しっかりした会計と税務をしておかないといけないと思ったのです。それなりの業務委託料はかかりますが、自分でやるより記帳や申告を間違うことはなく、自分の時間を他のことに使うことができます。個人事業の帳簿や税務申告はこれまでどおり自分でやるつもりだったので、それだけでもかなりの作業量です。それに法人のぶんまで抱えたら荷が重いので、これはもう時間を買う感覚です。

◆専門家のネットワークを活かす

お金を払って作業を委託することで、自分は安心して他の仕事に時間を振り向けることができます。そのほうが断然、生産性が高いと判断しました。

紹介された税理士は若手でフットワークが軽く、契約締結前から役員報酬と社会保険の見直し、法人と個人事業の経費区分のしかたなど、積極的にアドバイスをしてくれたり、個人事業に税務調査が入ったときに立ち会ってくれたりと助けてもらいました。

また、その税理士の紹介で、若手の保険プランナーと契約し保険の見直しをしてもらうなど、ブレーンともいえる体制ができました。彼らはふだんからビジネスで連絡を取り合っている間柄なので、何かあればお互いに連絡し合い、最適解を出してくれます。あまりベテランの税理士だと、遠慮して気軽に質問したりお願いしたりするのは気が引けますが、若いのでそんなこともありません。

優秀なブレーンがいれば、自分より専門知識があるその道のプロが自分のためにサポートしてくれるのですから、これほど心強いことはありません。

4 夫婦で暮らす老後を意識して自宅を建て替える

不動産賃貸収益も安定してきたので、古くなっている自宅を建て替えることにしました。当初はリフォームでもと思っていましたが、床下や構造を調べてもらうとリフォームでは無理なことがわかったからです。

マイホームの建て替えには当然、ローンを組む必要があります。少し触れましたが、同じ借金でも収益を生む借金はよい借金で、お金が出ていくだけの借金は悪い借金です。その意味では、マイホームは収益を生まず、よい借金とはいえません。それでも、最新の設備機器の採用やバリアフリー化により暮らしやすくなり、優れた断熱効果によってヒートショックのない健康的な生活が送れるとすれば、生活の質の向上につながります。これはお金では換算できないメリットです。

これらを考慮すれば、自宅の住宅ローンはあながち悪い借金とはいえないでしょう。もちろん、そのことで財務バランスが大きく崩れるようなことになってはいけませんが、安定した不動産収入と給料が経済基盤としてあったので、キャッシュ・フローは十分まかなえると考えました。

幸い、民間金融機関と住宅金融支援機構が提携している全期間固定金利住宅ローン「フラット35」を使えました。金利は、長期優良住宅適合の「35S」が適用でき、最初の10年が0・470%、残り10年が1・070%という超低金利です。住宅ローン減税を使うと金利分はほとんどチャラです。

◆無垢材で高断熱の家

これから歳を重ねていくと、古い家では修繕も必要になり、断熱も不十分で生活導線も悪いままでは老後が暮らしにくくなってしまいます。「やるなら今しかない！」と妻と相談して建て替えを決めました。

希望は、高断熱で全体が暖かい家。そして光と風が入る家。無垢材など自然素材を使用し

建て替えた家の設備

リビングルーム

薪ストーブ

京からかみ

中庭

た家です。妻がネットで探した結果、これはと思う建築家を見つけました。何回か建築家の主催する新築見学会やセミナーに足を運び、いろいろと話をして「この人ならば」と思い、建築設計管理をお願いすることにしました。3年がかりでヒアリング、設計、打ち合わせによる見直しを繰り返し、建築に至りました。

完成した家は、夫婦2人の終の棲家になるバリアフリーの平屋。全面ガラス張りの中庭を設けて光と風が室内を満たす間取りにしました。生活導線もできるだけ短くして使いやすく、無垢材をふんだんに使用し、木の香りのする家になりました。

◆念願だった薪ストーブを楽しむ生活

私の希望で念願の薪ストーブをリビングルームに設置し、揺らめく炎と優しい暖かさに癒される空間にしました。北欧などの寒い地域では薪ストーブが主要な暖房になっているように、暖かさは別格です。これさえあれば家全体を暖めることができ、エアコンもファンヒーターも要りません。ロシアのウクライナ侵攻以降、電気やガス、灯油の価格が上がっていますが、それとも無縁です。

ただ薪は買うと高いので、自分で原木を調達しチェンソーで適当な長さに切り、薪割機で割って薪をつくっています。原木は伐採の仕事でもらってきたり、森林ボランティアの会からいただいたりしています。原木を運ぶために中古の軽トラックを買い、「マッキー号」と名づけて庭師の仕事と併用しています。

つくった薪が増えてくると手作りの薪棚では収容しきれなくなり、家を建てた工務店にお願いして単管パイプで組み立てた薪棚を4基つくり、自然乾燥しながら3年分を保管できるようにしました。

こうしてつくった薪をくべながら、まったりするのが寒い時季の楽しみです。天板に鍋を乗せて料理を温めたり、焼き芋などをつくることもできたりするので重宝しています。

そのほかにも妻の希望で和室の襖紙を京からかみにしたり、中庭に面する側をガラス張りにして開放的な浴室にしたり、トイレでも本を読めるように作り付けの本棚を備えたりと工夫を施し、独創的で満足できるできばえになりました。

京からかみを注文したときには、面白いエピソードがあります。京からかみは版木に彫られた文様を1枚1枚手で摺り上げる伝統工芸品で、桂離宮や寺院などにも使われています。それゆえ工務店の仕入れルートでは手に入りにくく、思い切って京都の老舗に電話して注文しました。

向こうからは「サンプルを送ります」という連絡があったものの、2カ月たっても音沙汰なし。何回かメールや電話で催促したのですが、そのつど「今やってます」という返事があるばかりで、いつになったら来るのかとこちらはやきもき。家もほぼ完成予定だったので、本当にそろそろ決めないと間に合わない……。建築家さんからも連絡をとってもらったのですが、同じ返事があるばかりでした。

さすがに業を煮やし、ほかに頼もうかと思っていた矢先にようやく届いたのでした。玄関ホール、飾り棚、和室出入口用に、それぞれ違う柄が組み合わせられ3案が入っていました。実物を見ると、どれも素晴らしく選ぶのに迷ってしまうほど。悩みながらも決めて注文すると、ほどなくして納品されました。

京からかみを張るのは、建具屋さんも初めてだったと思いますが、素晴らしい仕上がりになりました。全体にキラが入っているので、光を受けると微妙に色彩が変化します。

あとで気がついたのですが、京都の老舗工房の対応の遅さはサボっているとかサービスが悪いとかではなく、それが京都の老舗工房のやり方なのでしょう。納期は守るけれども、自分のペースを崩さない。東京のレベルで考えては、どうしても対応が遅く見えてしまうのですが、文化の違いと考えれば納得もいきます。

◆テレビ番組や雑誌の取材を受ける

ようやく完成した我が家が建築家のホームページに載ると、テレビで個人宅を紹介する『渡辺篤史の建もの探訪』（テレビ朝日系列）の取材依頼がありました。取材当日は朝から取材クルーが来て収録の準備をし、そのあとリポーターの渡辺篤史さんが来て、家の中を紹介しながらインタビューを受けました。

驚いたのは渡辺さんが下見も台本もなく、ぶっつけ本番で収録に臨んでいたことです。こちらもどんな質問が出るのか予想できず緊張しましたが、1時間ほどで終わり渡辺さんは帰っていきました。そのあとクルーが1日かけて収録したものが30分番組で放映されました。その後も住宅関連雑誌の取材などがあり、反響の大きさに驚きました。

こうしてオーダーメイドで理想の住まいを建てることができたのも、不動産投資による副収入があったればこそだと思っています。

第5章

不動産投資で湧き起こる問題

トラブル以前の「雑事」が急増

1 毎日かかってくる不動産セールス

第4章まではポジティブな話ばかりを書いてきましたが、実際にはネガティブなこともあります。この章では、その例を紹介します。

まず、マンション売買業者から不動産セールスの電話が毎日のようにかかってくることです。これには閉口させられました。

受話器を取ってみると、

「ご所有のマンションを売りませんか?」

というものばかり。いつも「売る気はありません」と断るのですが、それでもしつこくかかってきます。

◆常時、留守電に設定した

さすがにいちいち対応するのが面倒くさくなり、今では常時、留守番電話に設定しています。電話がかかってきて、「メッセージをお願いします」と自動音声がいうと、たいていの業者はすぐにガチャンと切ります。

たまに留守録に「ご所有の〇〇の件でお伝えしたいことがございますので、折り返しお電話をお願いします」と入れてくる業者もいます。不動産投資を始めた頃は管理会社からの連絡かと思い、何か不具合でもあったのかと折り返し電話をしてしまったことがありました。

相手もいろいろ考えるものです。今ではまたかとわかっていますから、録音を消去して無視します。

会社名を名乗るのはいいほうで、まったく名乗らないケースもあります。

ほとんどの友人知人との連絡は携帯電話を使っているので、固定電話を使わなくても別に支障はありません。本当に必要な電話であれば留守録にメッセージを入れてくれますから、あとでこちらからかけ直せばいいだけです。留守番電話は、むしろ詐欺電話の撃退にもなるので活用しています。

◆不動産業者からのダイレクトメールが何通も！

郵便でも不動産業者からのダイレクトメールが毎日何通も届きます。ダイレクトメールの場合も、封筒に個人名だけ書いてあるものがあり、一見してダイレクトメールだとわからないように工夫がなされています。何とかして開封してもらおうと「重要なお知らせです」と書いてあるものも多い。

試しに開封して読んでみると、所有物件を買いたい人がいるので売ってほしいという内容ばかり。本当なのかわかりませんが、かなり高額な値がついていることもあります。購入価格を上回る価格を提示していて、売れば売却益が出る計算です。

しかし、売ってしまえば毎月の家賃収入は途絶えてしまいます。新たに物件を購入しようとしても、今の相場は以前に購入したときより高くなっていて、同じレベルのワンルームは売却した金額では買えません。また、売った物件にローンが残っていたら、それを完済しなければならず、返済したら手元に残る現金はわずかでしょう。

不動産投資をやめる出口戦略としての売却なら意味があるでしょうが、そうでなければあまり意味はないのではないでしょうか。

どうしても一時金がほしいとか、空室が続いて困っているという事情があるならいざ知らず、ただ高く売れるからという理由で売却するのは正しい選択とは思えません。特に売らなければならない状況でない限り、持ち続けて毎月のインカムゲインを確保したほうが安定的な収入が見込めます。もともと安値圏で購入したので、相場がそれを下回らない限り慌てる必要はないのです。

田島さんに聞いてみると、

「ああ、それよくあるんですよ。法務局に備え付けてある登記情報を閲覧したり、入居者募集の情報からオーナーを調べて、セールスするんです。気にしないで無視してください。面倒になるようなことがあったらすぐに教えてください」

結局、**そのような郵便は読みもせず住所や宛名を消去スタンプで読めなくしたうえで資源ゴミとして処分**するようにしています。

◆自宅に業者がやってくる！

また、自宅に業者が来たことも何回かあります。私が不在で妻が応対した時は、玄関先からなかなか帰らず怖い思いをしたこともあったようです。

悪質な業者やしつこい営業電話に遭遇したときは、電話ではきっぱりと断り、今後はかけてこないように伝えるなり会話を録音し監督官庁に相談する、ダイレクトメールでは今後は送ってこないよう依頼文を送付する。このような対応をとったほうがよいようです。

こうした問題も、不動産オーナーになった証なのかもしれないと、今は諦め半分で思っています。

2 バカにならない書類の処理

毎日のように届くダイレクトメールもそうですが、所有物件が増えてくると書類の処理も増えてきます。

書類は大きく分けて、ローン関係、メンテナンス関係、保険関係、税金関係の4つです。

ローン関係では、物件ごとの金銭消費貸借契約書や抵当権設定書、返済予定表など。

メンテナンス関係では、物件ごとの修繕報告書や入居者更新情報、管理組合定期総会議事録など。

保険関係では、物件ごとの火災保険、損害保険、地震保険、団体信用生命保険の契約書や証書など。

税金関係では、物件ごとの不動産所得税、固定資産税、都市計画税の課税明細書や納税通知書など。
これらの書類が増え、その処理に追われるのです。

◆保管場所を決めて、こまめに整理する

いちばん量が多いのは、マンション管理組合の定期総会の議案書と開催通知です。総会には都合が合えば出席しますが、都合が悪く欠席するにしても、議案書を読んで議決権を行使しなければいけません。開催時期にばらつきはありますが、単純に考えても月1回は郵送されてくる計算です。

そのほかには、火災保険や地震保険の更新のお知らせとか、管理会社からの送金明細書が定期的に届きます。半年ごとに、ローンの変動金利の見直しに伴う返済予定表が届き、6月頃には固定資産税の納税通知書がいっせいに届きます。

設備の故障があれば修繕の報告が、入居者の契約更新があればその通知が……など、いろいろあります。最近では管理会社のオーナーマイページでこれらの状況を確認することができるようになりましたが、これらの書類が16戸分、入れ代わり立ち代わり届いていたのです

から結構大変です。

また、物件を新規購入すると国土交通省からアンケート用紙が届くのも、購入してみて初めてわかりました。これは不動産鑑定価格のデータをとるために、何の目的で、いくらで購入したのかをアンケートで答えるものです。

それから、司法書士に依頼した登記に関する書類なども、確認して保管しておかなければなりません。これらの登記書類は重要であり、使う頻度も少ないので自宅に置かず、銀行の貸金庫に保管しています。保管料もかかり、出し入れするのも面倒ですが、しかたがありません。

勤めていた頃は毎日帰宅すると、これら書類のどれかが2～3通は届いているので、まず開封して中身を確認します。不要なものは消去スタンプで宛先の住所・氏名を消してゴミ箱へ。保管するものはファイリングし、返送が必要なものは必要事項を記入して返送します。こうした作業にけっこう時間がかかります。

保管すべきものは、保険やローンなどの種類別に分類して、それをさらに物件別に専用のファイルに入れておきます。

ここまできっちりやっておかないと、整理がつかず何が何だかわからなくなってしまいます。そのため、作り付けの棚一つが不動産専用になり、**物件別のファイル、ローン関係、税金関係、保険関係、メンテナンス関係、管理組合総会の開催通知と議事録などに分類したファイルがずらっと並んでいます。**

そのほかにも経費の帳簿つけや領収書の保管もしなければならず、年が明ければ、確定申告が待っています。こうした事務作業にとられる時間たるや、バカになりません。

人に頼んだらお金がかかるし、妻もこういうことはむずかしくてできないというし、こればかりは自分で作業するしかありません。

3 突然、個人事業での税務調査を受ける

ある日、私の携帯番号に知らない番号から電話がかかってきました。出てみると、

「○○税務署の○○と申しますが、所得税の調査をしたいのでご都合のよい日時を教えていただけますか？」

税務調査の連絡でした。そのときは青色申告を始めてまだ5年しかたっていないのに、こんなに早く来るものかと驚きました。

◆会社の顧問税理士に個人の税務調査の立会いを依頼

個人事業の所得税調査なんて、非常に低い確率だと聞いていたのですが、なんで自分のと

ころに来るんだろう。課税所得はあり納税もちゃんとしているのに、何をもって調査対象にされたんだろう。

疑問を抱きながらも、過去3年分を調査するということで、断ることもできず、会社の仕事を休める日時を指定しました。

電話を切ってから考えてみると、税務調査の対象に選ばれた理由は、やはり目立ったんだろうなと思いました。個人事業でも毎年の収入金額は右肩上がりに増えていますし、帳簿は自分でつけていたので、提出した損益計算書の必要経費の区分が明確でなく、内容がわかりにくい「その他の経費」がかなりまとまった金額になっていました。そういうところに目を付けられたのかもしれません。

早速、資料の再点検をしましたが、帳簿はちゃんとつけてあるし領収証もすべてファイリングしてあります。旅費交通費は行き先や目的、出発地から到着地までの運賃もメモしてあります。交際費・会議費は相手先・目的・支払場所なども明記してあります。

ただ、どこまでを事業に関連する範囲とするかは曖昧な部分もあり、どこを突かれるかわかりません。特に、仕事とプライベート両方で使っているクルマのガソリン代、自宅兼事務所の光熱費の按分割合、会議費としての飲食費、交際費としてのゴルフプレー費や土産代などのシロクロ判定が問題になりそうです。

向こうも手ぶらでは帰らないでしょうし、初めてでもあり不安なので、法人事業の税務をやってもらっている税理士にメールで報告しました。

すると、個人事業のほうでも希望するなら立ち会ってもらえるとのこと。手数料はかかりますが、税理士に立ち会ってもらえたら心強いので、お願いすることにしました。事前に契約書などに不備がないか確認しておいたほうがいいとのことで、そのあたりもチェックしておきました。

◆重加算税はなかったけれど……

当日は、税理士さんが1時間ほど早く来られて、指摘されそうな部分にどう対応すべきかを打ち合わせしてから調査に臨みました。調査官は年配の男性1人で、物腰はていねいですが経験豊富な印象です。

挨拶のあと、帳簿や領収書のファイルを提示して説明しました。税理士からも説明してもらい、調査官はひととおり聞いていましたが、やがて「資料を持ち帰らせてください」といって午前半日で帰っていきました。

もっと突っ込まれるかと身構えていたので拍子抜けしましたが、税理士さんによると、今の面談で大きな不正や脱税などはしておらず、どれだけ追徴できるかということに大体の目途はついたのではないかということでした。

その後のやりとりは税理士を介してやってもらうことになり、自分では直接対応することはなかったのですが、後日、税理士から連絡があり、否認部分と追徴税額を知らせてくれました。否認されたのは、主に会議費や交際費、水道光熱費の部分です。特に飲食代については相手の氏名や目的が書いてあっても、事業に直接関係していないと判断されたり、自宅がオフィスになっているので水道光熱費の一部を事業負担にしていたところ、その割合が適切でないと判断されたりしました。

こちらで納得できない部分については、税理士に再度交渉してもらい認めてもらいました。悪質なものだと重加算税が課せられるのですが、そんなこともなく過少申告加算税と延滞税の納付ですみました。それでも過去3年分について修正申告したのでけっこうな額にはなりましたが……。

とはいえ税理士が間に入っていたからこれで済んだことで、自分ひとりで対応していたら調査官の指摘に適切な反論ができず、指摘された否認分は全額納付になっていたかもしれません。立ち合い費用を引いても容認額のほうが大きかったので、本当に助かりました。

◆税務調査はいつ来てもおかしくない

この件を通じてわかったことは、税務調査はいつ来てもおかしくないということ。そのためにもふだんの帳簿つけはしっかりやり、領収書や支払いの目的・相手先などのエビデンスも保存し、合理的な説明ができるようにしておくことです。

それでも見解の相違はありますから、**税務署の指摘に対し、調査官のメンツをつぶさない程度に主張すべきことは主張して、落としどころを探っていく**ことが重要です。

あとで田島さんに報告したら、

「そういう方面に強いスタッフもいますから、いつでも力になりますよ」

と心強い言葉をいただきました。税務調査は貴重な体験をしたと思っています。

第6章

自分と家族の安全と安心

健康の不安をどうする？

1 セカンドライフは健康が第一

お金も大事ですが、健康はもっと大事です。お金がいくらあっても健康でなければやりたいこともできません。しかし健康なときはそのありがたさに気づかず、病気になってはじめてそのありがたみを知るものです。

セカンドライフに入ると、環境が変わるので体調に異変を起こす人も多いようです。これまで会社に行くことで規則正しい生活をしていたのが、毎日が日曜日になって1日中ゴロゴロ。動かないので筋肉は減り、間食が増えてぜい肉が増えていきます。脳への刺激も少なくなり、ボケるきっかけにもなります。

それでなくても、60歳を過ぎたら体力は落ちていきます。

◆フレイル、ロコモ、サルコペニア

高齢者になると心配なのが、「フレイル」「ロコモ」「サルコペニア」です。

「フレイル」とは高齢化によって身体機能や精神機能の低下、社会とのつながりの低下によって心身が弱った状態になること。「ロコモ」とはロコモティブシンドロームの略称です。骨、筋肉、関節、脊髄、神経などが連携して動く仕組みを運動器といい、その運動器の機能が疾患や高齢化によって低下することです。「サルコペニア」とは、加齢に伴い骨格筋の委縮、筋力の低下、身体機能が低下した状態をいいます。

いずれも要介護状態や寝たきりになるリスクが高くなるといわれています。

あなたはそうならない自信がありますか？　自覚しないまま肩が下がり、背が丸くなってきたら、歩く姿はもう老人です。

人間いつかは果てるのはしかたありませんが、人生１００年時代、セカンドライフも20年間は元気でいたいものです。

かつて定年退職後は余生で人生の最終ステージといわれていましたが、今はまだまだ活躍でき、第2の人生を謳歌できる年代です。時間もあり、誰にも束縛されず好きなことを自由にやれる年代なのです。

その意味では、**セカンドドライフこそが最終的な自己実現のステージ**といえるのではないでしょうか。

そんな充実した時間を過ごすためにも、健康であることは第1条件です。

2 病気は気づかぬうちに忍び寄る

充実した時間を過ごすためにまず必要なのは、自分の健康状態を知ることです。

サラリーマン時代はろくに健康チェックもせず、お酒を飲む機会が多かったり十分な睡眠をとっていなかったりした人が多いのではないでしょうか。ちょっと体調が変だなと思っても、自己診断でそのまま放っておいたり、忙しいからヒマができたときに診てもらおうとか思ったりしていませんか？「まだいいや」とか「まだ大丈夫」と思って放置しておくと、症状が悪化してしまうかもしれません。

どこかのテレビCMにもありましたが、「血圧高めでもまだ大丈夫」とか、「体重が増えてウエストがきつくなったけどまだ大丈夫」とか、自分に都合のいいように解釈して体質改善を怠ると、そのうちに本当に悪化してしまいます。

まさに、**「まだ大丈夫」がいちばんあぶない自己管理**なのです。

◆ある杞憂が別の病気の発見につながる

人間ドックを受けて健康状態を把握しておき、1年ごとに定期検査をして変化がないかを確認する。それを50歳から始めておけば、セカンドライフに入ってからあわてずにすみます。50歳からの10年間はセカンドライフへの助走期間です。

私も経験がありますが、自分では健康だと思っていても、健康診断の数値が異常値を示していたり、**お医者さんに風邪などで診てもらったときに、別の病気の兆候が発見されたりするもの**です。若いうちは無理ができても、60歳になると体力だけではカバーできなくなります。早めの発見、予防が大切です。

私のケースですが、目が充血し眼科で診てもらったときに、緑内障の初期症状だといわれたことがあります。自分ではまったく気づいていなかったのに、知らぬ間に進行していたのです。

検査の結果、右眼の上部の視野が一部欠損していることがわかりました。たしかに左眼を閉じて右眼だけで見ると、上のほうがよく見えません。しかしふだんは両眼で見ているので、左眼がカバーして気づかなかったのです。

それからは緑内障の原因である眼圧を下げる点眼薬を毎日差すようにしました。ただやっかいなことに、緑内障は進行を遅らせることはできても治すことはできないのです。少しでも進行を遅らせることができればと医師と相談し、眼圧を高めている房水を流れやすくするミクロサイズのステントを埋め込む手術をしました。その結果、眼圧は下がりましたが、また詰まる可能性もあるとのことで、眼圧と視野については定期的に検査を受けています。

幸いだったのは、日常生活に支障をきたす前に発見できたことです。もしも充血したとき診察を受けなければ、もっと進行していたかもしれません。

歯についても同じことがいえます。歯医者なんて何年も行ったことがなかったのですが、口内炎ができてなかなか治らないので診てもらうと、虫歯や歯石があり歯周ポケットもあるといわれました。口内炎はもらった薬で治ったので、あらためて虫歯の治療や親知らずの抜歯、歯石の除去を行いました。それを契機に歯の健康にも気をつけるようになり、半年ごとに歯のクリーニングと歯周病の検査をしています。おかげで今では先生から、「とてもよく手入れできていますね」と褒められるようになりました。

高齢になって特に怖いのは歯周病で、知らないうちに歯の根もとが侵され、ついにはぐらぐらになって抜けてしまう病気です。８０２０運動という、80歳になっても20本の歯を残すように手入れする運動があります。老後の楽しみの一つは食事ですから、できるだけ自分の歯でいたいものです。

人間の器官の中でも目と歯は日常生活を送るうえで大事なもの。早期発見、早期治療に勝るものはありません。ぜひ定期検診を受けて健康を保ってもらいたいと思います。

加えて、かかりつけ医を持っておくとよいでしょう。**内科、眼科、歯科にかかりつけ医がいると、何かあった時にあわてなくてすみます**。自分でいくつか回ったり、診察を受けた人の評判などを聞いたりして、自分と相性がよく、信頼できそうなお医者さんを探しましょう。

3 病気になったとき生活は守れるか

まだどこも悪くないし……と悠長に構えていないで真剣に考えていただきたいのは、「もし病気で倒れたら、生活や家族は守れるか」ということです。

ある日、病気が見つかって入院や療養を余儀なくされ、苦境に立たされることはめずらしいことではありません。私のまわりにも、元気に働いていたのにガンが見つかったり心筋梗塞になったりして、サラリーマン生活から戦線離脱した人は少なくありません。

生命保険に入っていたとしても、治療費や入院・手術代を一時的に補填するだけで、安定した継続的な収入にはなりません。

病気が長期にわたり、給料が入ってこなくなれば家計を直撃します。まして死んでしまったら、残された家族はどうなるのでしょうか。

まさに健康の問題は、お金の問題なのです。そう考えると、不労所得というものがあったら、どんなに心強いでしょう。

第1章で述べたように、不労所得は働かなくても病気になっても入ってくるお金です。健康であることは大事なことですが、それでもある日突然、病気になったりケガをしたりすることは誰にでもあり得ます。そんな場合に備えて、不労所得を確保しておくことは危機管理として本当に大事なことなのです。

◆じわじわと体をむしばむ適応障害

また私の実例で恐縮ですが、私もそのような危機に陥ったことがあります。それは早期退職のきっかけにもなった予想もしていなかった出来事でした。

私が63歳の時です。序章でも触れましたが、子会社への出向から4年たって親会社に戻ることになりました。運命とは不思議なもので、もう戻ることはないと思い会社依存の生き方を変えようとしていたら、辞令が出たのです。

戻ってからは運にも恵まれ、部長、理事、取締役へと順調に出世していました。56歳で役員になったときにいったん退職扱いとなり、それからは役員としての任期を重ねて63歳になっていました。もうひとふんばりして、このまま勤め上げ、あとは悠々自適の生活を送れそうだと漠然と思っていました。

ところが、人生そんなに甘くありません。予想もしなかった出来事が待ち受けていました。勤めていた会社の株式の過半数を保有していた大株主の会社が業績悪化により、勤めていた会社の株式を売却することになったのです。これに手を挙げたのが外資ファンドで、ＴＯＢ（株式公開買い付け）を経て、勤めていた会社はその傘下に入ることになりました。

私は財務担当役員として、さまざまな契約やファイナンス関係の手続きに神経を張り詰める日々が続きました。

もともと外資ファンドの経営方針には納得できないものがあり、気が進まないまま深夜まで働き、休日も在宅で仕事をしていたのが祟ったのでしょう、不眠症になってしまったのです。睡眠時間は短いのに、なぜか眠くならない。ベッドに入っても寝つけず、寝返りを何度も打っているうちに夜が明けます。

眠れない苦しさといったらありません。起き上がってウイスキーをストレートで飲んでみたり、ぬるめのお風呂に長時間浸かったり、瞑想をしてみたりしましたが、まったく効果がありません。それどころか、ベッドで横になっていても心臓が早鐘のように脈打ち、血圧もふだんは上で120mmHg以下なのですが、150mmHgを超えることも多くなりました。これは自律神経が制御できなくなり、常に交感神経が働いている状態、つまり興奮状態が夜も続いているということです。

まわりに迷惑をかけてはいけないと、誰にもいわず、睡眠導入剤を飲みながら仕事を続けていました。それでも眠れない日が続き、さらに悪化を招いたのです。

眠ることで細胞は再生産されますから、眠れないと代謝が低下し痩せてきます。57キロの体重が2カ月で50キロを割るくらいまで激やせしました。目は落ちくぼみ頬もこけ、周りの人にも「どうしたんですか?」といわれるようになりました。

判断能力も衰え、メール一つ返すのにも時間がかかるようになりました。会議でも言葉がスムーズに出てこず、取引先との交渉にも支障が出る状態に……。

医者に診てもらうと、適応障害と診断されました。うつ病の初期症状です。うつ状態になって出てきた顕著な兆候は、自分のことが手に着かなくなってしまうことです。**セルフネグレクトという言葉がありますが、まさに何をする気力も湧かなくなってしまう**のです。

脱いだ服を畳まずに放っておいたり、机の上を片づけずに散らかしっぱなしにしていたり、どんどん気力が衰えていくのです。このままでは自分のことさえできず、廃人になってしまうのではないかという恐ろしい思いが頭をよぎりました。メンタルは強いほうだと思っていたので、そんな自分になってしまったことがショックでした。

最近は、芸能人やスポーツ選手でもうつになったというニュースが聞かれたりしますが、条件さえそろえば誰でもかかる病気です。私自身、まさか自分がなるとは思ってもいませんでした。

今思い返してみても、壮絶な体験でした。

ひどいときは、自殺さえ頭をよぎりました。それまで自殺は本人が自殺したいという意志をもってするのだろうと思っていましたが、そうでもないことに気づきました。たとえば、ホームで電車が来るのを待っていると、そんなつもりがなくてもふらふらと飛び込みそうになるのです。さすがに我に返り、自分を押しとどめたこともあります。

家族も心配し、説得されて3カ月の療養に入りました。それでも仕事のことが気になり出かけようとしたので、私が1人でどこかへ出ていかないかと常に気にするあまり妻も眠れなくなり、同居している娘もそんな両親の様子を見て精神が不安定になるなど、家庭も暗くなっていきました。

このままでは家庭が壊れてしまう。何よりも恐れたのは、このことでした。まずは自分が早くよくならないといけない。そのためには、**会社を辞めて治療に専念するしかない**。会社からは、もっと負担の少ない業務に変わってはどうかとありがたい言葉をいただきましたが、これ以上迷惑をかけるわけにもいきません。

心を決め、退職することにしました。

◆退職の背中を押した不労所得

退職を決めたときに心強く感じたのは、ワンルームマンションの賃貸収益があることでした。その頃には年間1000万円超の家賃収入がありましたから、諸経費やローン返済を差し引いても700万円ほどは手もとに残ります。退職慰労金を使ってあと2物件ほど繰上げ返済すれば、さらに不動産収益は上乗せされます。これに株式配当などの運用収益を加えて、年金受給開始のベストタイミングまでやりくりすれば心配ない。このときほど不動産投資をやっていてよかったと思ったことはありません。

こうして予定より2年ほど早く退職することになりましたが、会社も理解を示してくれ、後任も決まって心おきなく会社を去ることができました。最後の日には、職場の全員に見送られながら、40年間勤めた会社をあとにしました。

この経験から痛感したのは、今が健康で元気であっても、いつ病気などで日常生活が送れなくなるかわからないということです。そうなったときに生活や家族は守れるか、乗り切る備えはあるかをよく考えてみてください。結果として不動産投資による家賃収入は、生命保険以上の役割を果たしたのです。

4 睡眠、運動、食習慣が健康のカギ

退職してからは療養に専念し、ウォーキングや筋トレで体力回復に努め、体調も元に戻りました。療養開始から7カ月目には薬が要らなくなり、8カ月目で通院治療も終えることができました。お医者さんからは、

「うつが中程度まで進んだ段階から、よくここまで回復しましたね」

と言ってもらえました。思いもしなかったアーリーリタイアでしたが、予定より2年早まったおかげで、時間が自由になり、自分の本当にやりたいことができるようになったわけです。今思うと不幸中の幸いだったかもしれません。精神的にはつらい出来事でしたが、これもそのために必要なステップだったのだと前向きに考えることができるようになりました。

60歳を過ぎてからの2年間は、健康面でも行動面でも貴重だと思います。その貴重な2年

間を自由に過ごすことができる。そう考えると、病気になったのも決してネガティブなことではなかったのだと思えるのです。

◆よい習慣は連環する

それからは、まず睡眠を優先させています。サラリーマン時代は、睡眠を削ってでもやるべきことをしたいと考えていましたが、すっかり心をあらためました。不眠症の苦しみは2度と味わいたくありません。今では深夜まで起きていることはほとんどなく、10時ごろには寝て、睡眠時間は7時間から8時間はとるようにしています。

さらに励行するようになったのが運動です。病気療養中に衰えた筋肉を回復するためにウォーキングを始めました。1日1万歩を目標に、住んでいる地域の道をくまなく歩き回りました。

無心に歩いていると、落ち込んだ気持ちが少し明るくなるのに気づきました。そのことが治癒を早めた理由のひとつかもしれません。

今ではウォーキングに加えて、朝起きたときにヨガを組み合わせたストレッチを毎日20分間欠かさず行なっています。また、フィットネス会員になりマシンジムで筋トレをしています。そのせいか筋肉が以前よりもついて、体重は病気前よりも少し増えました。

サラリーマン時代は、デスクワークと会議の連続で運動などほとんどしていなかったので、肩こりや腰痛に悩まされていましたが、セカンドライフに入ってからは屋外にいるほうが多く、肩こりも腰痛もなくなりました。日中動いて疲れるので、すぐに眠れます。

また食習慣も変わりました。以前は深夜まで働いて帰宅し、それから夕食をとってすぐ寝ていましたが、今は夕方に食事をすませ寝るまで2時間以上空けています。

食事の量も減りました。よく噛んで腹八分目で終わらせ、間食もほとんどとりません。そのほうが体の調子がよいのです。お酒もちょっと酔う程度で終わり。これも病気になって健康の大事さ、ありがたさを再認識したからこそです。

毎朝の血圧、体重、ＢＭＩ、体脂肪率、筋肉量のチェックも欠かしません。今のところ、体内年齢は実年齢より15歳若く表示されています。

また、体形を意識するために毎日裸になったとき鏡を見て全身をチェックしています。裸だと隠すものがないので、ぜい肉のついている部分とか嫌なところが目に入ってきます。それを意識して運動し、食事に気をつけることで改善につながるのです。最近うれしいことにお腹の筋肉が見えるようになってきて、これもそのおかげかなと思っています。

◆健康なうちから準備しよう

健康の不安を解消するには、次ページのようなことに留意する。結局、あたり前のことに戻っていきます。

どれも当たり前のことですが、実際に準備をしている人はそう多くないと思います。いつ自分も病気になるかもしれない、いつかは高齢者になるのだとわきまえて、準備を怠らないようにしたいものです。

わかった、そのうちに……と、ホントに考えていますか？　準備をする最高のタイミングは「今」なのです。まだ若く健康であるうちに病気や高齢化への準備をしておけば、健康の不安のないセカンドライフを迎えられます。

健康の不安を解消するポイント

- 自分の健康状態を把握する
- 定期検診で異常がないか
定点観測する
- 気がかりなことがあったら
迷わず診察を受ける
- かかりつけ医をつくっておく
- 病気になったとき、
生活や家族を守る備えに不労所得を
- 睡眠、運動、食習慣に
日頃から留意する

第7章

もう一つの生き方を学ぶ

社会生活の不安をどうする？

1 リタイア後で大きく変わる人間関係

退職してから大きく変わるのが人間関係です。サラリーマン時代は職場や仕事関係が主な付き合いですが、退職してしまえば関係はあっさり途切れます。少数の同僚や後輩がときどき連絡をくれますが、それも長く続きません。1年間ぐらいたてば疎遠になっていき、年賀状も来なくなります。

これは肩書があっても同じです。役員とか部長の肩書なんて、退職してしまえばただの人。あれほどすり寄っていた部下が見向きもしなくなったことにショックを受ける人も多いでしょう。

でも、これはしかたがありません。「去る者は日々に疎し」ということわざがありますが、ふだん顔を合わせて共通の目的意識を持って活動しているから濃い関係が保てるのであって、それがなくなれば関係は薄くなりやがては消滅してしまうのです。

◆サラリーマン時代に大事だったことを捨てる

そんなとき、もし交友関係が仕事上の付き合いだけだったら、話し相手もなく孤独を感じるだけでしょう。極端な話、一日で会話をするのは妻とだけという状態もあり得ます。それでも奥さんと良好な関係だったら、これまでできなかったおしゃべりもゆっくりできて楽しいでしょうが、仕事優先で家庭を顧みず奥さんとの仲が冷え切っていたら、家にいることもつらくなります。

こうした事態になってからでは遅いのです。セカンドライフに向けて、早いうちから仕事関係以外のつながりをつくっておくことをおすすめします。もちろん奥さんとの関係も悪化しないように、ふだんから意思疎通を図っておくことも重要です。

そのために、**サラリーマン時代に大事にしていたことを捨てて、気持ちを切り替える必要があります。**

◆セカンドライフに入ったら捨てるべき3つのこと

(1)プライドを捨てる

　会社で役員や部長職など上級職だった人ほどプライドが高いものです。退職すると肩書がなくなり無職になりますから、その落差は大きいのです。家でゴロゴロしていても飽きるので、何か仕事を探そうとしても、プライドが邪魔してなかなか見つけられません。肩書のない雑用やシルバーの仕事などは、プライドが許さないというわけです。

　しかし、現役時代に部長をやっていたからといって、再就職先でも部長職を望むのは無理というものです。結局、仕事はせずたまにゴルフをやる以外は家にいて、テレビばかり見ているという状態になってしまいます。これでは奥さんの機嫌が悪くなるばかりです。

　そうならないためには、**前職のプライドを捨てて、興味あることなら手伝いでも見習いでもいいからやってみようという心がけが大事**です。

(2)人脈を捨てる

会社にいたときには多くの部下や仲間がいたのに、退職すると付き合いがガクッと減ります。年賀状などその最たるもので、退職した翌年の正月には会社関係からのものは半減しました。翌年にはさらに減って、プライベートでも付き合いのあった人以外からはほとんど来なくなりました。

しかし、嘆いてみてもしかたがありません。自分も上司が退職したときは、せいぜい1～2年で出さなくなりましたから同じようなものです。会社の人脈は、あくまで会社の利益のためにできているもので、会社から離れたら切れるのが当然です。OBでときどきふらっと会社に来ては仕事中に茶飲み話をしていく人がいましたが、未練がましくてこれもどうかと思います。

私は退職して以来、一度も会社を訪れていません。**大事にすべきは、これからお付き合いすることになるご近所や自分のやりたいことに関連する人たち**です。そういう新たな付き合いを広げていくほうが、わくわくするのではないでしょうか。

(3)会社員マインドを捨てる

会社に行っていたときは、家事は奥さん任せにしていた方も多いことでしょう。しかしセカンドライフに入れば条件は奥さんと同じなわけですから、家事をやるのは当然です。それもお手伝いレベルでなく、分担してやるべきでしょう。私は、お風呂とトイレの掃除は自分がやることにしています。そのほか、掃除や洗濯、料理や買い物も積極的に手伝うべきです。最初は面倒でも、やってみれば掃除や洗濯も手際よくできるようになり、冷蔵庫の食材を見れば簡単な料理ぐらいは作れるようになるものです。奥さんも助かりますし、会話も増えるでしょう。会社に行かなくなったのに、相変わらず奥さん任せでは邪魔にしかなりません。

自分はもう現役の会社員ではないのだと自覚して、気持ちと行動を切り替えるべきです。これも私のこだわりですが、私は退職日以降、一度もビジネススーツを着ていません。ビジネスバッグは処分し、ビジネスシューズも冠婚葬祭用にしまい込みました。そうすることでマインドを切り替えたのです。それに、カジュアルウェアを着たほうが気持ちも若返ります。少しかしこまった格好をするにしてもジャケットで十分なので、そのうち処分しようと思っています。

以上のように**会社員としてのプライド、人脈、マインドの3つを捨てることで、充実したセカンドライフが送れる**と思います。セカンドライフは、自由に自分らしい生き方ができる人生のステージです。古い殻は脱ぎ捨てて、前に向かって進みましょう。

2 セカンドライフに必要な「きょうよう」と「きょういく」

人生には「教養」と「教育」が大切といわれますが、第2の人生にも「きょうよう」と「きょういく」が大切です。ただし、この「きょうよう」と「きょういく」は、「教養」と「教育」とはちょっと違います。

・「きょうよう」は、「今日、用がある」
・「きょういく」は、「今日、行くところがある」

という意味です。会社に行かなくてもよくなったとき、何も用がない、行くところもないのではあまりにも哀しい。

著名な経営学者のドラッカーは、著書『明日を支配するもの』の中で、「第2の人生をもつには、一つだけ条件がある。本格的に踏み切るかなり前から、助走していなければならない」
と述べています。

◆セカンドライフの助走期間を大事に

定年を迎えて初めて、「やることがない」と気づくことがないように、かなり前から準備をしていなければなりません。そのためには、会社に依存している生活から少しずつでも脱却し、自分なりの生活スタイルを確立しておく必要があります。

これは定年に限らずＦＩＲＥ（経済的自由を達成して早期退職する）した人も同じです。ＦＩＲＥしたものの、再就職して労働対価を得る生活に戻る「ＦＩＲＥ卒業」をする人がいます。この人たちはなぜ憧れだったＦＩＲＥ生活を捨て、もとに戻ろうとするのでしょうか。

一つは、株安やインフレで資産価値が下がり、運用成績も悪化して生活が苦しくなった。もう一つは、ＦＩＲＥしてみるとしばらくは自由な生活を謳歌するものの、刺激がなく人との交流も少なくなり、社会から疎外されたように感じてしまう。

第1の理由については、十分な経済的基盤がないのに、ある程度貯まったところでＦＩＲ

Eしてしまうことに原因がありそうです。第2の理由については、FIRE後の生活設計を考えていなかったことに原因があると思います。

毎日会社に行かなくてもいい、好きなだけ寝ていられる生活に憧れてFIREしても、それだけでは数カ月で飽きが来ます。趣味に凝ったりジムのトレーニングで汗を流したりしても、それでもまだ何か満たされないものがあるのではないでしょうか。やはり人間には社会とのつながりややりがい、達成感、自己承認といったものが必要なのです。

FIRE後に何をしたいのかを決めておかないと、自由ではあっても心から喜びを感じられない孤独な人間になってしまいます。FIREしても、充実した人生をこれから過ごしていくことができるのか、しっかり確認しておくことが必要でしょう。

リタイア後の長い人生、たんなる暇つぶし程度では長続きしません。やはりライフワークといえるものを持つべきです。

◆ワークには3つの働き方がある

ワークには3つの働き方があるのをご存じですか？**「ライスワーク」「ライクワーク**

「ライフワーク」です。「ライスワーク」とはごはんを食べていくために働くこと、「ライクワーク」とはその仕事が好きで働くこと、「ライフワーク」とは自分の使命、天命と思える仕事で働くことです。

「ライスワーク」をしている人は、その仕事が好きでもないのに生活費を得るために働いています。当然ストレスはたまり楽しくありません。仕事は仕事と割り切ってしまって、休日や余暇に楽しいことをすればいいという人もいます。それも一つの考え方です。

「ライクワーク」をしている人は、自分の好きなことをしているのでストレスはありません。仕事をする喜びのほうが大きいので、困難や苦境にも耐えることができます。ただ、好きなことを仕事にするのにはマッチングがむずかしく、好きなことだけでは食っていけないことも多いのです。

逆に、今やっている仕事を突き詰めて好きにしてしまう人もいます。これはなかなかよい考え方かもしれません。どんな仕事でも本気で取り組めば、何か面白いと思うところが見つかるはずです。これは「ライクワーク」の発見です。

「ライフワーク」をしている人は、好きというより使命感に燃えて生涯をかけて働いています。

死ぬまでやりたい仕事ですから、定年とかの概念はなく、お金のためでもありません。その仕事をやることで社会が変わっていくのをやりがいにしている人です。「ライクワーク」は楽しいですが、「ライフワーク」は幸せを感じます。そんな仕事ができたら本当にハッピーじゃないでしょうか。

◆不動産投資で「ライフワーク」を見つけた

不動産投資をしていてよかったのは、「ライフワーク」というべき「やること」ができたことです。マンションにはそれぞれ管理組合があり、オーナーになると、毎年、管理組合総会の招集通知が送られてきます。最初は興味もなく、委任状を送ってすませていましたが、あるとき送られてきた招集通知を見て考えが変わりました。

前にも書きましたが、それまでまったく興味のなかった管理組合の総会に気になる議案があったので、質疑をするために出席して、そこで初めて管理組合の理事会が管理会社とともにマンションの管理運営をしている状況を体験したのです。

マンションの価値を長年維持するためには、適切な修繕や共有設備の充実、セキュリティ対策などが欠かせませんが、そうしたことを理事長を中心に役員が討議し方針を決めていく姿を見て興味を持ちました。

ちょうど理事が足りないというので理事就任を依頼され、引き受けることにしました。

他のマンションの総会にも出席してみると同じような問題があり、理事や監事を引き受けているうちに7つのマンション管理組合の役員になっていました。役員になると、総会・理事会のほかに管理会社との打ち合わせや現地視察なども入ってきます。

7つのマンションの管理組合を合わせると毎月何回かは出かける用事があり、メールや電話の連絡も入ってきます。退職した身には、こうした機会があることは貴重ですし、やりがいがあります。

まだ社会とつながっている感覚といったらいいでしょうか、それぞれの管理組合の理事会のメンバーとも顔なじみとなり、打合せ後に食事をしたりお酒を飲んだりと公私ともに絆を深めています。

この管理組合の運営を通じて、これならばセカンドライフの一部にしてもいいのではないかと思ったのです。

マンションの管理組合はどこも役員の成り手がなく、運営に苦労しています。適切な管理運営がなされなければ、建物は老朽化が進み、入居者も減ってやがて廃墟のようになってしまいます。実際、そんな例が全国のあちこちで見られるのです。

自分でも多少の力になれればと思い、困っている管理組合があると役員を受けるようにしています。

ときには独断的な理事長と衝突したり、事務局を務める建物管理会社の利益誘導をけん制したり大変なこともありますが、予算を超過せずに設備更新ができたり入居者へのサービス内容が向上したりすると、やってよかったと思います。

ライフワークというと大げさかもしれませんが、これは体が許す限り、続けていきたいと思っています。

3 不動産オーナー同士の交流で社会生活を充実させる

不動産オーナーになると、いろいろな場で交流があります。踏み出すときは一人でも、オーナーになってみれば世の中にはこんなにたくさんのオーナーがいることがわかるでしょう。

たとえば日本財託では年2回オーナー交流会というイベントを設けており、東京・名古屋・大阪でそれぞれ開催されています。東京では200名を超えるオーナーが集まり、ホテルでの立食形式のパーティーで交流しています。好評のため、アナウンスの即日に予約が埋まってしまうほどです。

そこでたまたま隣にいた見知らぬオーナーと会話をして、連絡先を教え合うこともめずらしくありません。

また、有志が集まるオーナー会もあり、ときどきレストランなどに集まって情報交換することも行われています。

◆仲間がいることの心強さ

これは不動産オーナーならではのコミュニティです。一般の人にとってはまったく無縁の世界でしょう。私もオーナーになるまでは遠い世界の話でした。

オーナーには初心者もいれば、ワンルーム以外に1棟ものやアパート経営をしている人もいて、じつに多士済々です。本を何冊も出して講演に引っ張りだこの人もいます。話を聞けば、いろいろ勉強になることでしょう。

オーナーというのは不動産投資という共通の話題があるので、すぐに打ち解けますし、仲間意識も強いのです。そんな人たちと知り合いになれば、相談にも乗ってくれるはずです。

オーナーは自分一人ではない、仲間がいるということほど心強いものはありません。オーナーになったあなたには、たくさんのオーナー仲間がついているということをぜひ覚えていてください。

4 自分の会社をつくって永遠の肩書を手に入れる

私は不動産投資で所有するマンションワンルームが事業規模になったため、会社を設立しました。会社といっても、妻と子どもが共同出資する合同会社形式のファミリーカンパニーです。

設立したのは私がまだサラリーマンだったとき。差しさわりがあると考え、妻に代表になってもらいました。会社でもワンルームを1戸購入したほか、個人で所有するワンルームの賃貸管理を行なっています。

退職してからは私が代表になり、今に至っています。

◆社会的・経済的にリタイアしていないという気概

小さくとも自分の会社を持つことは、セカンドライフに有意義です。というのは、サラリーマンが退職して悲しいのは、それまで役職のあった人が一夜にして無職になってしまうこと。退職後に何かの書類に記入するときに、無職欄にチェックをつけるのは、心理的に抵抗があります。これは上級役職にいた人ほど感じるのではないでしょうか。

再就職すれば「会社員」とは書けますが、これまでのような役職の肩書を持つのはむずかしいでしょう。

しかし自分の会社を持っていれば、「代表」とも「社長」とも書けますし、職業も「自営業」「会社経営」と書くことができます。自分の会社なので定年もありませんから、ずっと肩書が続きます。見栄を張る程度のつまらないことといってはそれまでですが、それでも**自分がまだ社会的・経済的にリタイアしていないという気概を持つ意義はある**と思います。

会社をつくるのは無理だよと思われるかもしれません。たしかに事業規模にするにはマンションワンルームだったら10戸以上所有することが必要です。

しかし、会社をつくらなくても代表になれます。個人事業主であれば、ビジネスのかたちをとっていれば誰でもなれますし、登録するときに屋号をつくることができます。屋号とは、個人事業主がビジネスにおいて使用する「個人事業の名前」のこと。たとえば個人商店だったら、商店名が屋号です。税務署に提出する個人事業の開業・廃業等届出書にも屋号欄があります。

屋号は基本的に自由に決めることができます。横文字を使ってしゃれた名前にしたり、かぶってはいけませんが一見大会社風の名前にすることも可能です。もちろん「株式会社」とかはつけることはできませんが、一般的にそんなものはなくても気にする人はいません。

名刺に屋号を入れて、代表の肩書をつける。「代表取締役」とは名乗れませんが、「代表」でも立派な肩書です。私自身、この**肩書を持った精神的効果は大きく、現役世代と話していても臆することなく前向きにいられる**のです。

5 新しい付き合いを始めてみよう！

セカンドライフの充実に向けたポイントをまとめると、次ページ図のようになります。

リタイア後も社会生活を維持するのは、健康面にも影響します。毎日人と会うこともなく孤独な生活を続けていたら、どんどん老けていくばかり。セカンドライフといっても、元気ですごせれば20年以上はあるのです。早く老け込んでしまわないように、健全な社会生活は維持していかなければなりません。

◆新しいことを始めるなら「今」

健全な社会生活のためにも、**会社関係の古いしがらみは捨てて、新しいことを取り入れて**

セカンドライフの充実のために

仕事関係以外のつながりをつくっておく

サラリーマン時代のプライド、
人脈、マインドは捨てる

セカンドライフはライフワークを目指す

オーナーになるとオーナー仲間ができる

永遠に使える肩書を用意する

みることをおすすめします。新しいことといっても、そんなにむずかしく考えなくてよく、ご近所さんにすれ違ったら挨拶して立ち話してみるとか、地域の行事があったら参加してみるとか、それだけでも顔を知ってもらい地域社会に馴染めるようになります。

それを始めるのは「今」です。**会社に勤めているうちから新しい関係を構築しておけば、セカンドライフの社会生活への移行がスムーズにできる**のです。社会生活の不安を解消するために、ぜひ「今」から小さな一歩を踏み出してみてください。

第8章

「年金受給後」の生活を考える
セカンドライフで気にすべきこと

1 年金受給はベストタイミングで

本書を書いている時点で私は66歳です。まだ若いと思う反面、残された時間はそれほど多くないとも感じています。これは別にネガティブではなく、終末を意識しているからこそムダに生きたくないと思い、毎日を過ごしているわけです。本章では、そんなセカンドライフで気になることについてまとめます。

◆年金は「68歳から受給する」と決めた

65歳から受給できる年金ですが、私はまだ受給を受けていません。年金がなくても生活に支障がなく、どうせもらうならベストタイミングでもらいたいと考えているからです。

年金事務所等への請求手続き

受給開始年齢になる3ヵ月前に、日本年金機構から年金請求書が送られてくる

↓

年金請求書の必要事項を記入し、受給開始年齢になる誕生日の前日以降に、添付書類とともに年金事務所等に提出

↓

年金請求書を提出した1～2カ月後に、「年金証書・年金決定通知書」が送られてくる

↓

年金証書・年金決定通知書が届いてから1～2カ月後に年金の受け取り開始
（偶数月の15日に、前月までの2カ月分が支給される）

年金は受給開始時期によって受給額が変わります。原則65歳から受給ですが、60歳から75歳の間で、いつ受給を開始するのか自分で選べるのです。

年金を受け取るには、年金事務所等への請求手続きが必要です。その手順は前ページ図のとおりです。早めにもらおうと60歳から受給を開始すると、受給額は3割カットされます。ほかに収入の当てがない人は早くもらうしかありませんが、そうでない人は受給額が減るので避けたほうが賢明です。

一般的には65歳から受給を受けるのが普通なので、65歳になったらそのまま受給を開始する人も多くいます。ですが、受給を先延ばしすれば年金額が増えるのです。

1カ月先延ばしするごとに、年金額は0・7％増えます。たとえば、受給額が月に20万円で、受給開始が65歳の人が70歳まで年金受給を繰り下げた場合、20万円×0・7％×12カ月×5年＝8・4万円が増額になります。

ただ、70歳まで繰り下げるのはさすがに待ちすぎだと思います。その間に病気にでもなったら、せっかくもらった年金も自由に使うことができなくなってしまいます。

ベストタイミングは68歳。これならば同じ条件で約5万円の増額になり、年齢的にもまだまだ活動できます。5万円あれば、ちょっと贅沢な旅館に泊まることもできます。

2 遺産分割、納税・節税対策……、相続対策を始める

資産が増えてくると、相続についても考えるようになりました。家族は妻と息子と娘の4人ですが、自宅や現預金、有価証券、個人で所有する15戸のマンションワンルームをどう分けるのか。かなり重くなる相続税を減らしていくにはどうしたらいいか。

ちょうど日本財託で相続対策セミナーを開催するという案内があったので、参加しました。レベルを合わせるために妻も同行しました。

セミナールームは満席で、同じ悩みを持つ人が多いことがわかりました。

セミナーは全6回にわたって対面形式で開催され、基礎知識から具体的な対策まで教えてもらいました。

◆遺産分割は、任意後見制度や家族信託も視野に入れる

相続には3つの対策があります。

1つは、遺産の分割です。この対策をしないで相続を開始すると、親族間で揉めごとや争いが起こったりしてしまいます。私の家族は円満で、家族間で遺産分割争いになることはないと思いますが、まだ独身の子どもたちが将来結婚した場合に、その配偶者や家族が口を挟むことはあり得ます。また、万一認知症になると預貯金が下ろせない、不動産が売却できないなどの問題が発生します。

そういう事態が起きることに備えて、遺言書などの用意が必要です。**対策には遺言書のほかに任意後見制度や家族信託もあります。**

遺言書は亡くなってからでないと効力が発生しませんが、任意後見制度や家族信託は家族が代行できますから安心はできるでしょう。ただ、それなりの費用はかかりますから、どうすべきかをよく考えていきたいと思っています。

◆納税対策は生前贈与も視野に入れる

相続税は、被相続人が死亡したことを知った日の翌日から10カ月以内に行うことになっています。しかも、現金で納付しなければいけません。遺産額が大きいと納税額も高額になり、前もって準備をしておかないと間に合いません。

それにはまず**課税評価額がどのくらいになるのかを試算しなければいけません**。現預金、自宅の土地と建物、有価証券、所有するマンションワンルームの土地と建物、負債としての借入金など、それぞれ計算する必要があります。

課税評価額は資産の評価額とは違います。自宅土地は路線価ですが、賃貸するマンションの土地は路線価に借地権割合や借家権割合、賃貸割合を加味して調整します。どちらも小規模宅地の特例を使って減額できます。

自宅建物は固定資産税評価額によりますが、賃貸マンション建物は固定資産税評価額に借家権割合と賃貸割合を加味して調整します。納税対策に賃貸物件を購入するのは、このような計算により課税納付額が少なくなるからです。

試算してみると、子どもで３００万円近くの納税額になることがわかりました。子どもがそれだけの現金を用意してあればいいのですが、そうでなければ相続した資産を売却して現金化する必要があります。**場合によっては生前贈与を活用して、前もって資産を移しておくことが必要と考えています。**

◆節税対策は３つの方法で考える

前もって対策を立てておくことにより、相続税を低く抑えることができます。

⑴生前贈与で相続財産自体を減らす

生前贈与すると贈与税がかかりますが、年間１１０万円までの贈与なら贈与税はかかりません。たとえば１１０万円の生前贈与を定期定額でなく10年間続ければ、合計１１００万円の相続財産を減らせたことになります。

また、贈与税をあえて払いながら節税する方法もあります。１１１万円を贈与すれば基礎控除後の課税価格は１万円なので贈与税はかかってもわずか１０００円です。しかも贈与税を納付したという記録が残るので、あとで税務署から〝いちゃもん〟をつけられる心配がありません。

(2)不動産や特例を活用して、評価額を下げる

自宅には小規模宅地の特例があります。被相続人と相続人が同居し、生活を一緒にしている場合、そのままその家に住む人がその土地を引き継ぐ場合は、面積330㎡まで評価額が80％減額されます。

また、現預金には100％課税されるので、不動産を購入して評価額を下げておくことが有効です。その点、**マンションワンルームは賃貸不動産なので、相続があったからといって簡単に売却することができないことから相続税の計算上、価値が低くなります。**

(3)生命保険の加入で、控除額を大きくする

生命保険は、加入者が亡くなったときに遺族が生活に困らないために加入するものです。そのため、生命保険には相続人1人あたり500万円まで控除枠が設けられています。

相続人が3人なら1500万円までなら相続税がかかりません。**現金に余裕があるなら生**

命保険に加入することを考えてもいいでしょう。

◆税額を減らすことより、円満な分割を

これらを踏まえて、法人の顧問税理士に相談してみました。その税理士は、相続税申告を専門とした事務所に所属した期間もあり、多くの相続案件を経験しています。

強調されていたのは、相続案件で**いちばん大切なことは、税額を減額させることではなく円満な財産分割を実現すること**です。相続税額を最小値にすることと、相続人にのちのちまで納得してもらえる財産分割をすることは必ずしも同じにならないからです。

財産分割に争いがある場合には、相続税減額の各特例が使えないことも多く、結局のところ円滑な財産分割をしないと税金面でも損をしてしまうことが多いのが実情です。そう考えると、まずは家族で話し合い、お互いに納得しておくこと、円満な家庭を維持することが何よりも大事なことではないでしょうか。生前贈与にしても、渡したお金を自由に使っていいと勘違いしたら逆効果になります。税理士が指摘したのはそういうことです。

あまり性急に考えず、じっくり取り組んでいこうと考え直しました。

3 妻と仲よく暮らす

あえてこの項を設けたのは、セカンドライフが充実して楽しいかどうかは、ひとえに妻との仲が良好かどうかにかかってくるからです。

サラリーマン時代は、妻と顔を合わせるのは朝と晩と休日くらいのもので、それほど気をつかう必要はありませんでした。しかしセカンドライフに入ると、朝から晩まで顔を合わせて過ごすことが多くなります。すると、ふだんは気にならなかった言い方や態度が鼻についてくるのです。

これは相手も同じでしょう。お互いに環境の変化についていけず、ちょっとのことでイライラしたり口げんかになったりします。

そんな状態が毎日続くとしたらどうでしょう。せっかくのセカンドライフも楽しく感じられないものになってしまいます。

◆不仲の兆候の芽を摘んでおく

実は、サラリーマン時代にその兆候がすでに出ているケースが多いのです。家に帰ってきても妻との会話は「ああ」とか「うん」ばかり。休日も家事を手伝うわけでもなくテレビを見てゴロゴロ……。

そんな夫を妻はしっかり見ています。

退職してこれからは一緒に趣味を楽しんだり、旅行したりして、妻との老後を楽しもうと思っていたのに、妻を誘っても、「私、いいわ。行くなら一人で行って」と断られる。妻の心がすでに離れているのを知って、愕然とする……。

私の近所にも、ご主人が仕事もないのに朝早く家を出て、夕方になるまで帰ってこないお宅があります。結局、サラリーマン時代と同じパターンでしか生きられないのです。

関係がいよいよ悪化して熟年離婚でもすれば、せっかく築いた財産も分与しなければなりません。別居したら、それに伴う居住費も負担する必要があります。

そのあげく自分はひとり暮らしを余儀なくされ、家事をまったくしていなかった夫は掃除もろくにせずにゴミがたまり、栄養の偏る食生活になってしまいます。
そうならないためには、**関係が悪化する前に対策を打っておくことです。**

◆会話を絶やさない

いちばんいいのは、会話を絶やさないことです。妻が「今日、お隣の奥さんがね」と切り出しても嫌な顔をせずうんうんと聞く。自分からも今日、会社でこんなことがあったとか積極的に話す。それだけでも関係は滑らかになります。

セカンドライフに入ったら、家事は一緒にやるか分担するか手の空いているほうがやるようにする。掃除、洗濯、料理だって一緒にやったほうが楽しいし早く終わります。分担するか手の空いているときにやれば奥さんも喜ぶでしょう。

買い物にしても自分は運転するだけで奥さんが買い物中は駐車場で待っているだけの人がいますが、これとて一緒に食材を探したほうが楽しいでしょう。

これをセカンドライフに入ってから始めるのではなく、サラリーマンの頃から助走期間としてやっておくのです。

夫は夫、妻は妻と割り切って、お互い干渉せず自由に生活する「つかず離れず婚」を選択する夫婦も増えているようです。実際、そのほうが気楽という人もいますから、関係が悪化しない限り、これはこれで理にかなった選択だと思います。

ただ、やはり**夫婦が仲よく暮らせるほうが、セカンドライフを一緒に楽しめてよい**のではないでしょうか。

終章

50歳というチャンスを活かそう

最後の好機！

1

50歳は遅くはないが最後のチャンス

定年になったら直面する3つの不安について、どう解消していくかを私の体験を交えてお伝えしてきました。今でこそ証券投資で評価額6000万円、不動産投資により個人で15戸、法人で1戸のマンションワンルームを所有していますが、50歳の時はほぼ初心者の状態だったのです。

わずか10年とはいえ、10年後のありたい姿を明確にイメージし、巨人の肩に乗って行動すればこれだけの成果が出るのです。

その意味で50歳はまだまだ行動するのに遅くありません。

遅くありませんが、資産形成に10年かかると考えると、最後のチャンスでもあります。

私がこれまで述べてきたこと、証券投資にしても不動産投資にしても、健康維持や社会生活などセカンドライフの過ごし方にしても、奇をてらったようなやり方はしていません。誰でもできて特別な才能も要らない、いわば王道の方法です。

「いまさらいわれなくても、わかっている」

と思われたかもしれません。しかし「わかっている」のと「やっている」のとでは違います。実際にやっている人はどのくらいいるでしょうか。ましてや10年間継続している人はどれくらいいるでしょうか。

◆投資家にとっては、時間は「積もりゆくもの」

一説には、話を聞いて実際にやる人はそのうちの25％、それを一定期間続ける人はさらにそのうちの20％といわれています。つまり全体の5％の人しか継続できないのです。逆にいえば、トップ5％の中に入るには継続すればよいということになります。

投資であれ生き方であれ、成功の秘訣は、「誰でもできる簡単なことを、誰にもできないレベルでやること」だと思います。

だからこそ、王道をひたすら極めることが重要なのです。

私が何度も「やるのは今」といってきたのも、**時間こそが最大の資産**だからです。時間はどんな人にも平等に与えられています。それなのに人によって差がつくのは、使い方が違うからです。

一般的には、時間は「過ぎゆくもの」だと思われています。いつものように毎日を送っていると、あっという間に1日がたち1カ月がたち1年がたってしまう。

しかし投資家にとっては、時間は「積もりゆくもの」です。時間がたてばたつほど持っている資産が収益を生み出し、資産をさらに大きくしてくれるのです。

あなたは、これからの10年をどのように使いたいですか?

2 行動すれば景色が変わる

セレンディピティという言葉があります。これは、何かを探し求めているときに、人生が変わるようなきっかけを与えてくれる人に出会うとか、願ってもないチャンスに恵まれるなどの幸運な出来事が偶然起こることをいいます。ノーベル賞を受賞した研究者や成功した資産家などが、異口同音にその体験を語っているところです。

偶然といわれますが、探し求めているものについてアンテナを立てて情報を収集し行動したからこそ起こるものだと思います。

行動すれば、今までとは違う景色が見えてくるのです。

◆やらなければ、セレンディピティは起こらない

100％準備ができるのを待っていたら、その機会は永遠にやって来ません。70％程度の準備ができているなら、そこからスタートして対応していけばいいのです。必ず自分をあと押ししてくれる何かに出会うはずです。私の経験からしても、「やってみればなんとかなる」ことが多々ありました。

もしあなたが定年後に不安を感じているなら、セレンディピティが起こることを信じ、行動に移してみようではありませんか。

それが本書で私がいちばん伝えたかったことです。

不動産投資が誰にとっても最適解というわけではありませんが、本書を読んで定年までの日々をどうすごし、定年後はどんなセカンドライフをつくっていくのかを考えるヒントになれば幸いです。

〈私のおすすめする参考図書〉

本書の執筆にあたっては、情報源として何冊かの本を参考にしました。また、自分が読んでこれは役立ったという本も紹介します。特にお金の不安については、投資といってもどうしたらいいかわからないという人も多いと思うので、参考までに読んでおくべき本としてリストアップしておきます。

『投資で一番大切な２０の教え』
ハワード・マークス著
貫井佳子訳
日本経済新聞出版

『敗者のゲーム』
チャールズ・エリス著
鹿毛雄二訳
日本経済新聞出版

『マーケットの魔術師 エッセンシャル版』
ジャック・D・シュワッガー著
小野一郎訳
ダイヤモンド社

『ウォール街のランダム・ウォーカー』
バートン・マルキール著
井手正介訳
日本経済新聞出版

『株式投資の未来』
ジェレミー・シーゲル著
瑞穂のりこ訳
日経ＢＰ

『となりの億万長者』
トマス・Ｊ・スタンリー＆
ウィリアム・D・ダンコ著
斎藤聖美訳
早川書房

『私の財産告白』
本多静六
実業之日本社

『会社四季報』
東洋経済新報社

『会社四季報公式ハンドブック』
東洋経済新報社

『金持ち父さん貧乏父さん』
ロバート・キヨサキ＆シャロン・レクター著
白根美保子訳
筑摩書房

『お金持ちになれる黄金の羽根の拾い方』
橘玲著
幻冬舎

『中古ワンルームマンションで収益を上げる！』
『東京の中古ワンルームを３戸持ちなさい』
『中古ワンルームは「東京23区」を買いなさい！』
重吉勉著
かんき出版

『老後の年表』
横手彰太著
かんき出版

おわりに

振り返ってみると私の人生は50歳からがいちばん充実していたように感じます。それはやはり人生を見つめ直し、最終目標に向かって行動を続けたからでしょう。

50歳まではそれなりに真面目にサラリーマンとして働き、結婚し子どもをもうけ、課長職まで出世してきましたが、他の人と大して変わらない人生でした。それが50歳にして行動を始めてから、他の誰とも違う自分だけの人生を生きていくことになったのです。

会社での取締役までの出世と、うつによる退職。証券投資、不動産投資での資産形成。会社の設立や自宅の建て替えなど、ここには自分のオリジナリティがいっぱい詰まっています。まさしく自分の人生を生きてきたという実感があります。

その間、さまざまな人と出会い、助けられてきました。本書で何度か登場した田島浩作氏は、その中でもひときわ大きな出会いでした。田島さんがいなかったら、ここまで資産を拡大することはできなかったでしょう。

また、マンションのオーナー仲間には情報交換や管理組合の運営で力添えをいただきました。司法書士や税理士の先生にも助言をいただくなど助けられました。何より私の家族、妻と子どもたちは病気の際の支えになってくれました。

この場を借りて、心よりお礼を申し上げます。


第1幕は終わりましたが、第2幕のセカンドライフは始まったばかりです。残りの人生も、自分だけしかできない生き方をしたいと思っています。

本書がこれを手に取った方にとって、少しでもお役に立てれば幸いです。

最後までお読みくださりありがとうございました。

木下　尚久（きのした　たかひさ）

1957年生まれ。法政大学法学部を卒業後、輸送用機器製造会社に勤務。2005年に子会社に出向したのを契機に、これまでのサラリーマン人生に疑問を抱き自己投資を始める。その後、証券投資を経て2010年、53歳から不動産投資を開始し、その後10年で都心の中古ワンルームマンション16戸のオーナーとなる。2021年に勤めた会社を退職後は、自身で設立した不動産管理会社を経営しつつ、庭師として依頼を受けた庭木の剪定や、趣味としての薪活や俳句などのセカンドライフを楽しんでいる。

サラリーマンは50歳からが
中古マンション投資の始めどき

2024年1月20日　初版発行

■著　者　木下　尚久
■発行者　川口　渉
■発行所　株式会社アーク出版
〒102-0072　東京都千代田区飯田橋2-3-1
東京フジビル3F
TEL.03-5357-1511　FAX.03-5212-3900
ホームページ　http://www.ark-pub.com
■印刷・製本所　新灯印刷株式会社

落丁・乱丁の場合はお取り替えいたします。
ISBN978-4-86059-241-7